KEIN AUSWEG
FÜR ERWACHSENE

LABYRINTHE FÜR ERWACHSENE

ActivityCrusades

Veröffentlicht von Speedy Publishing Canada Limited

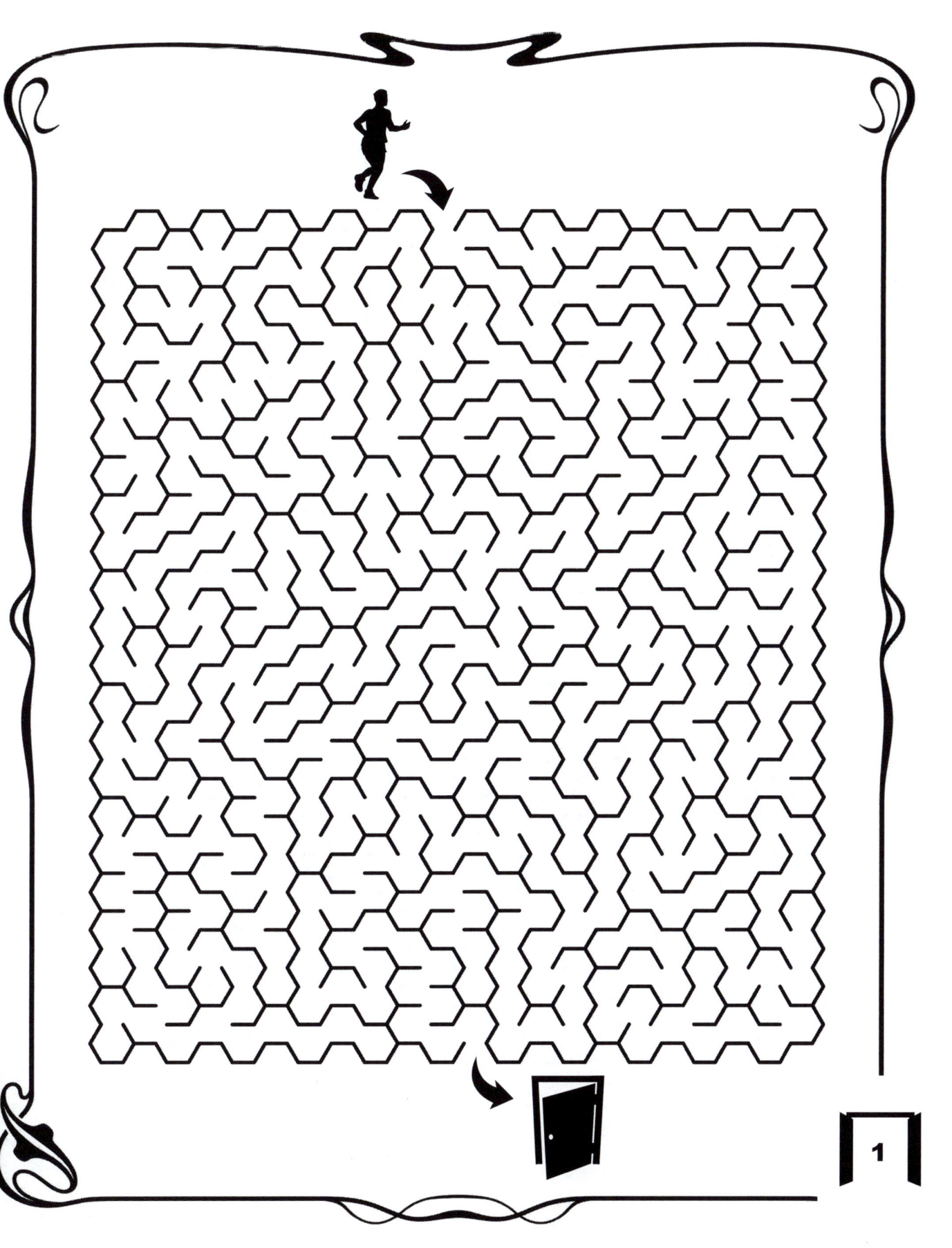

1

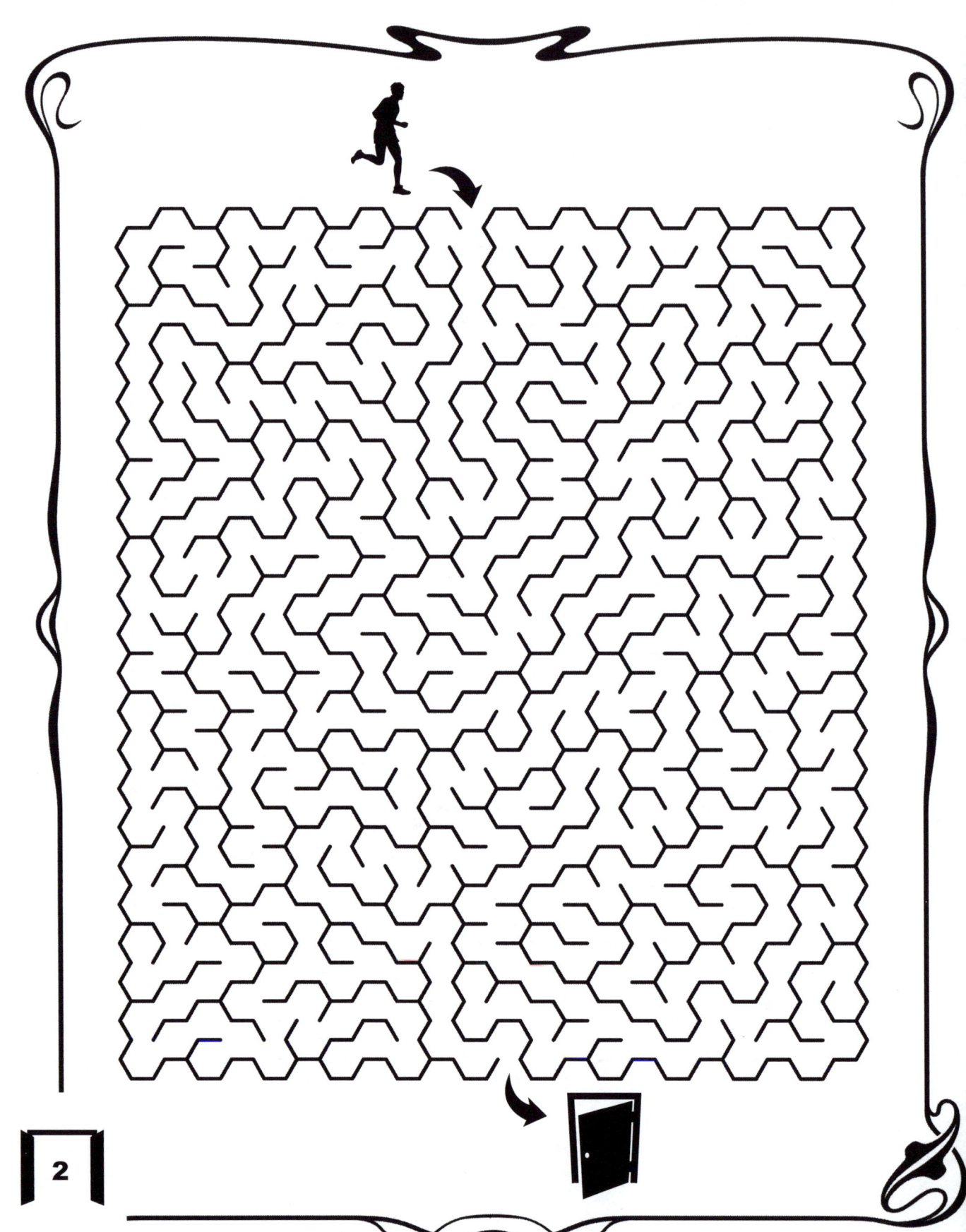

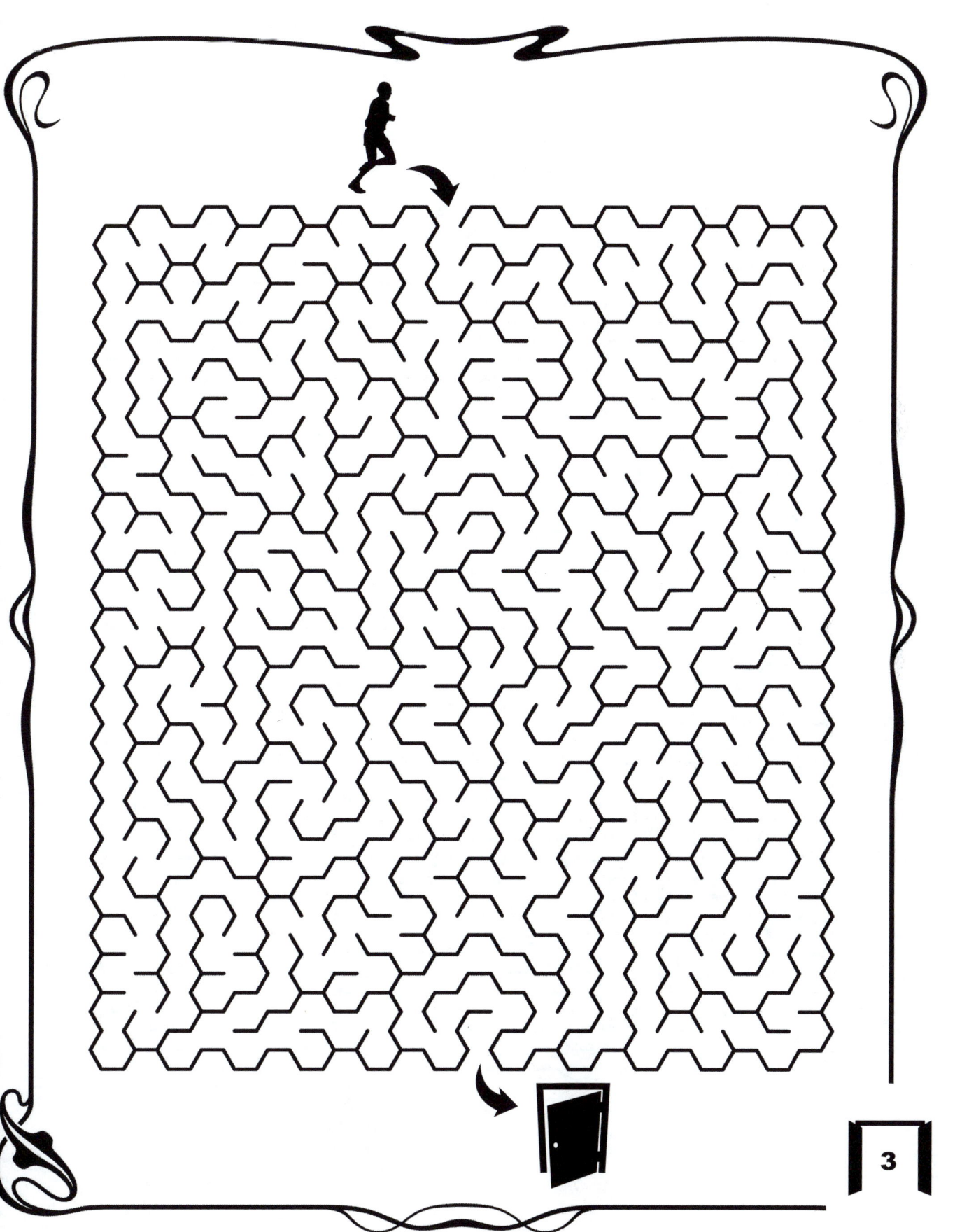

3

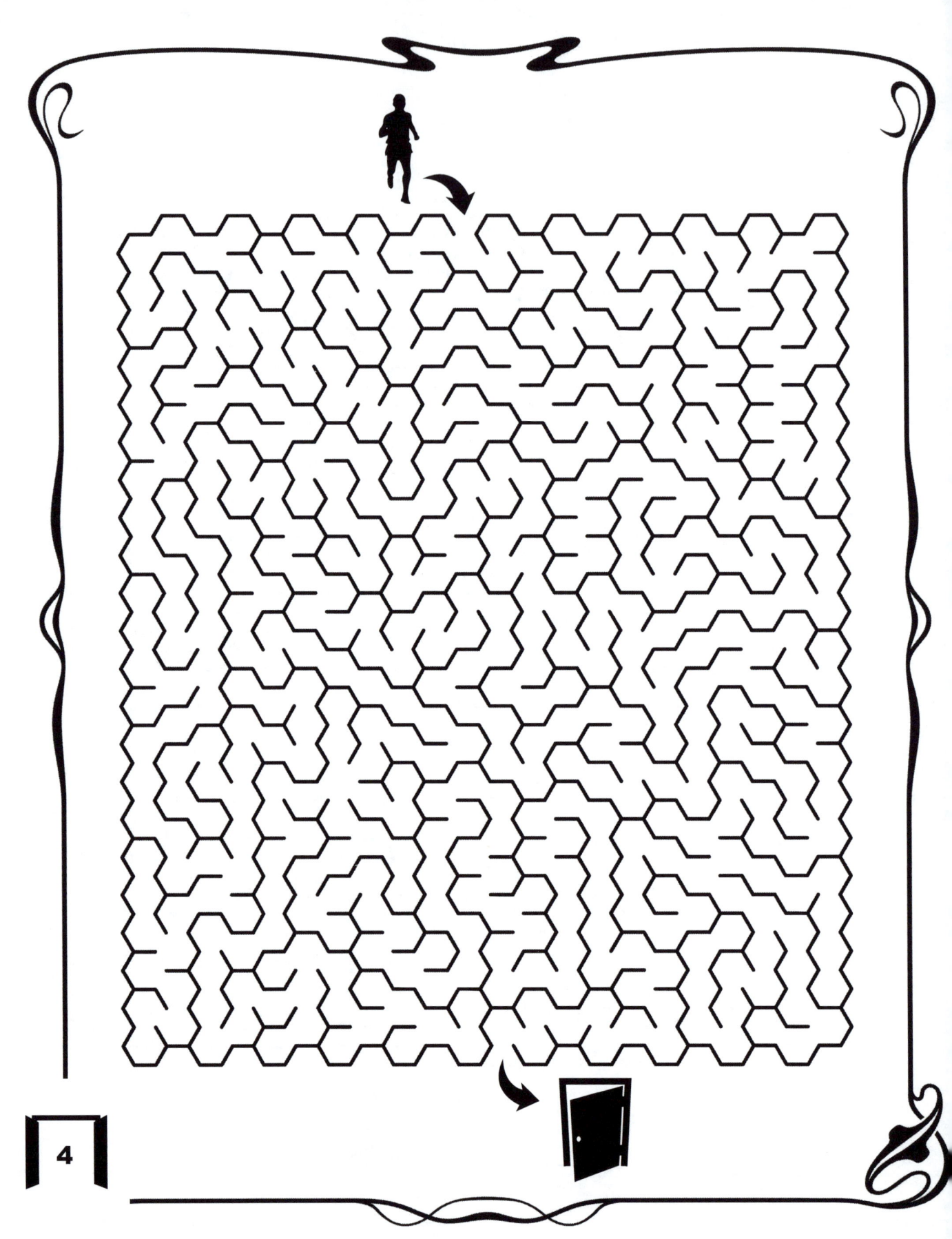

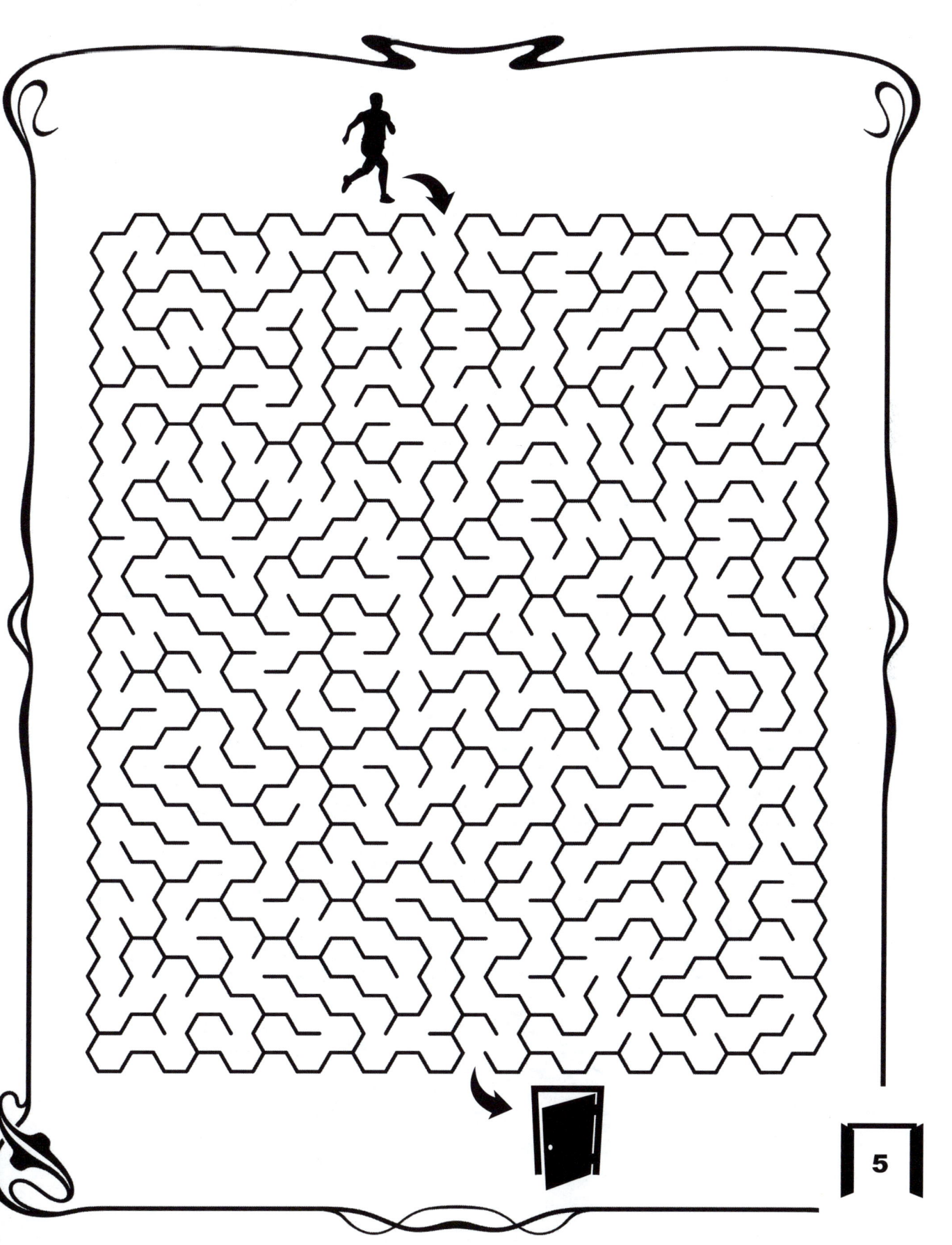

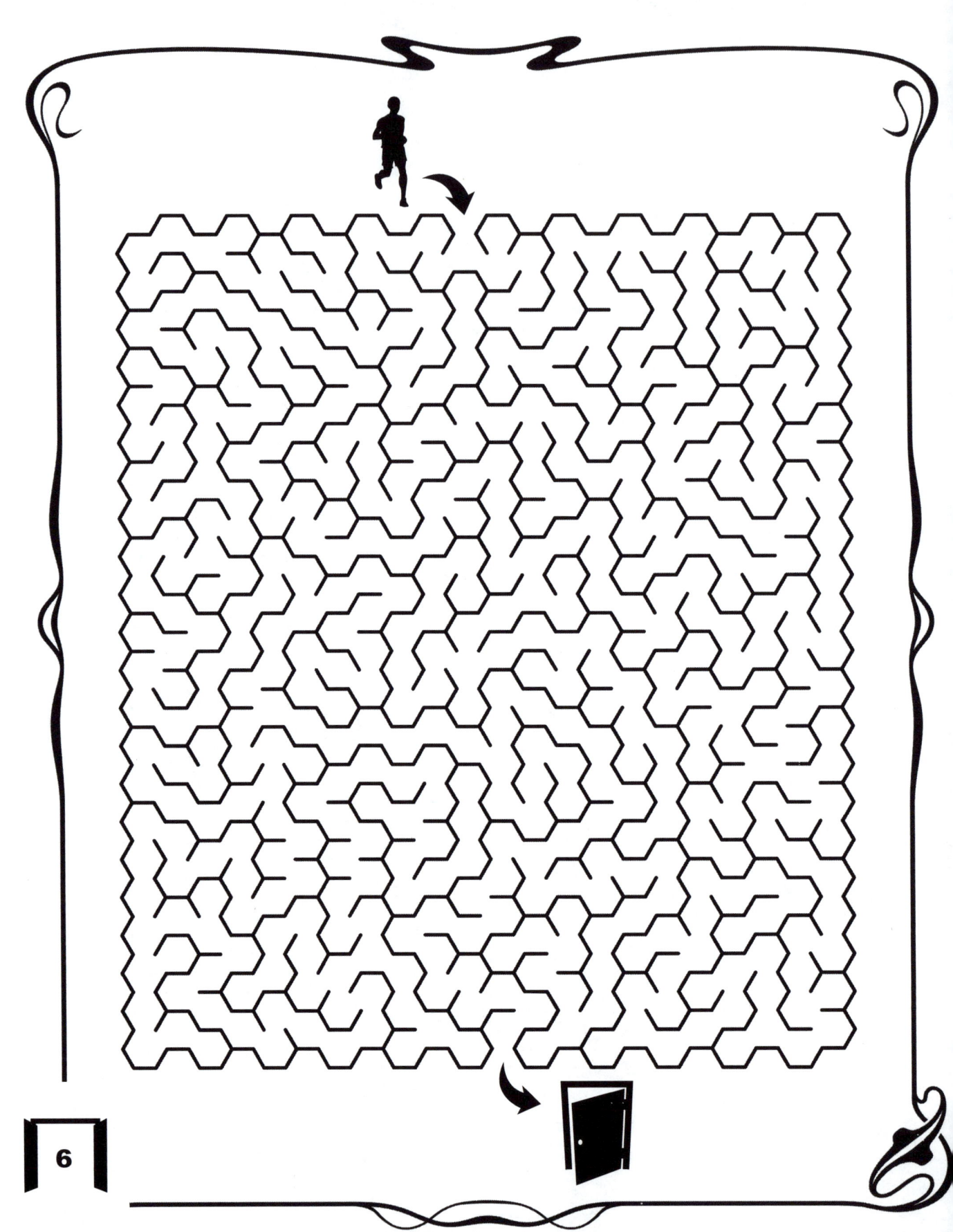

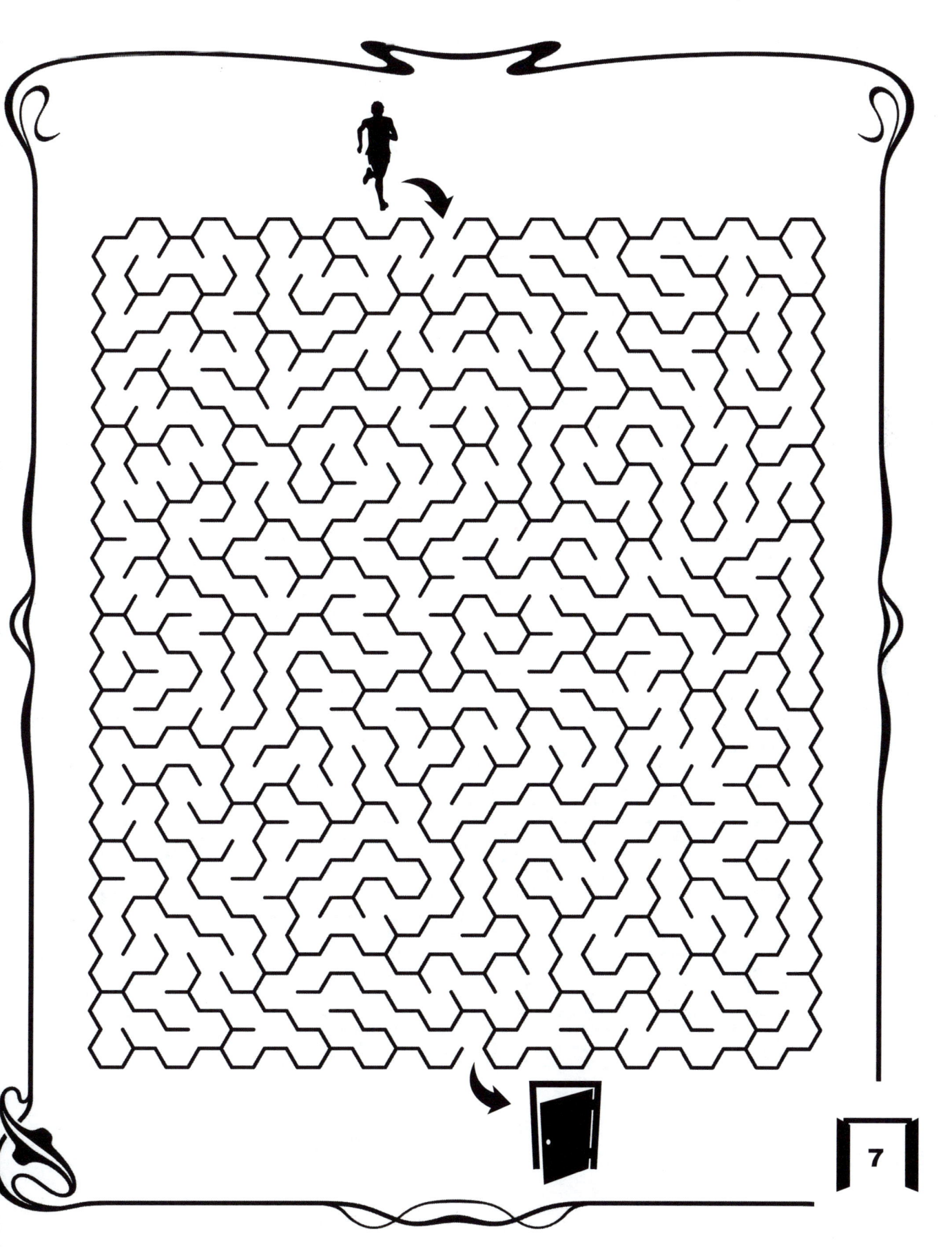

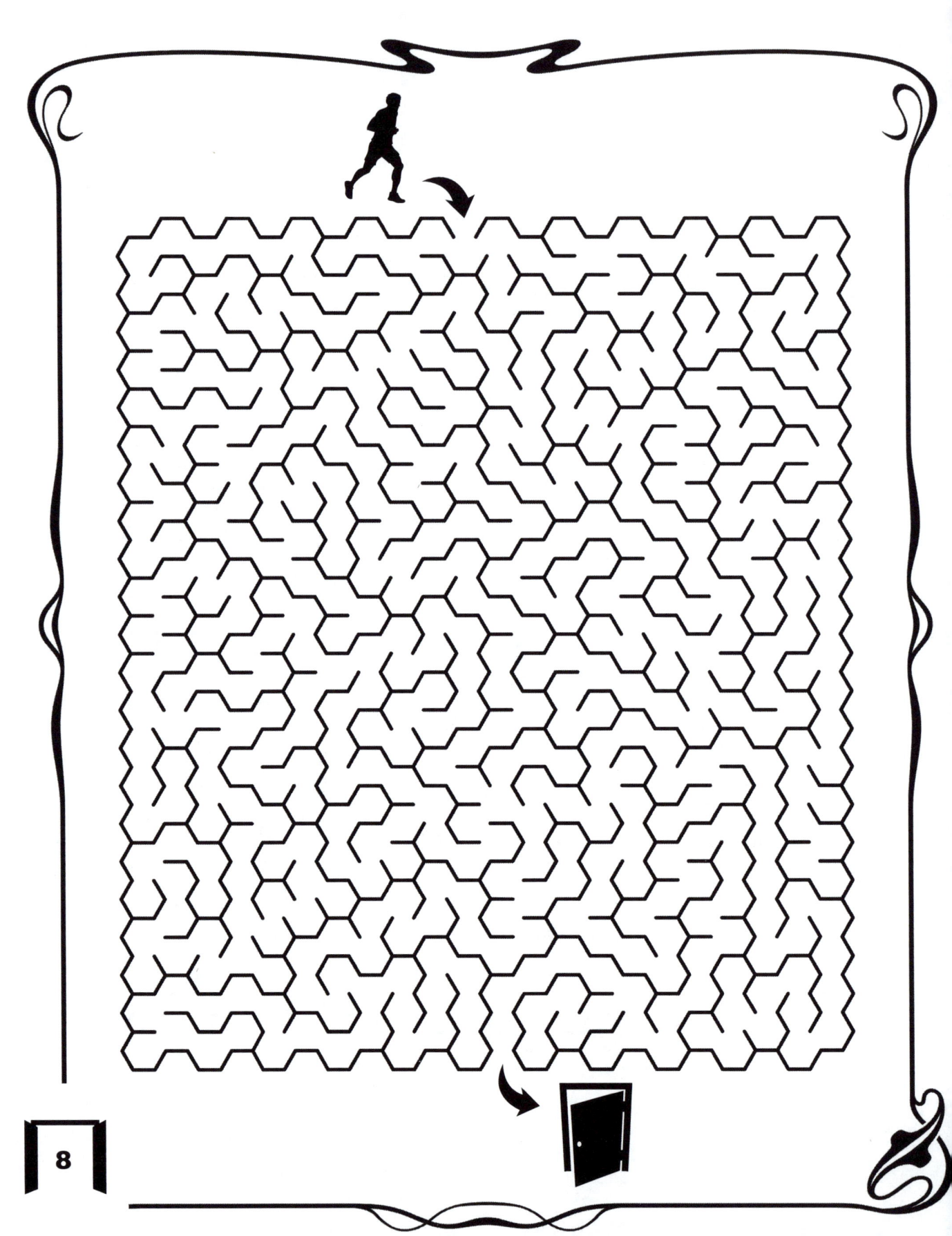

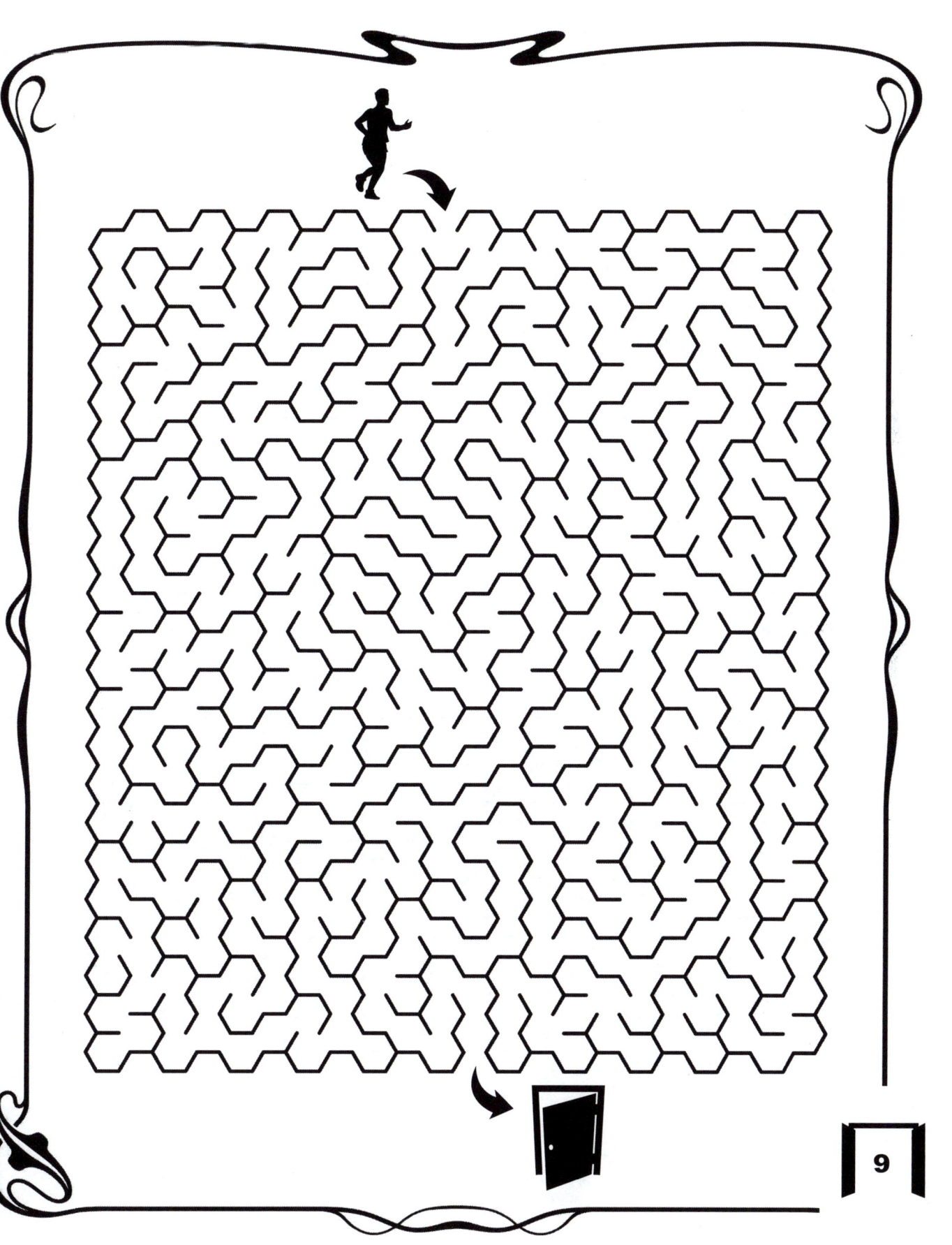

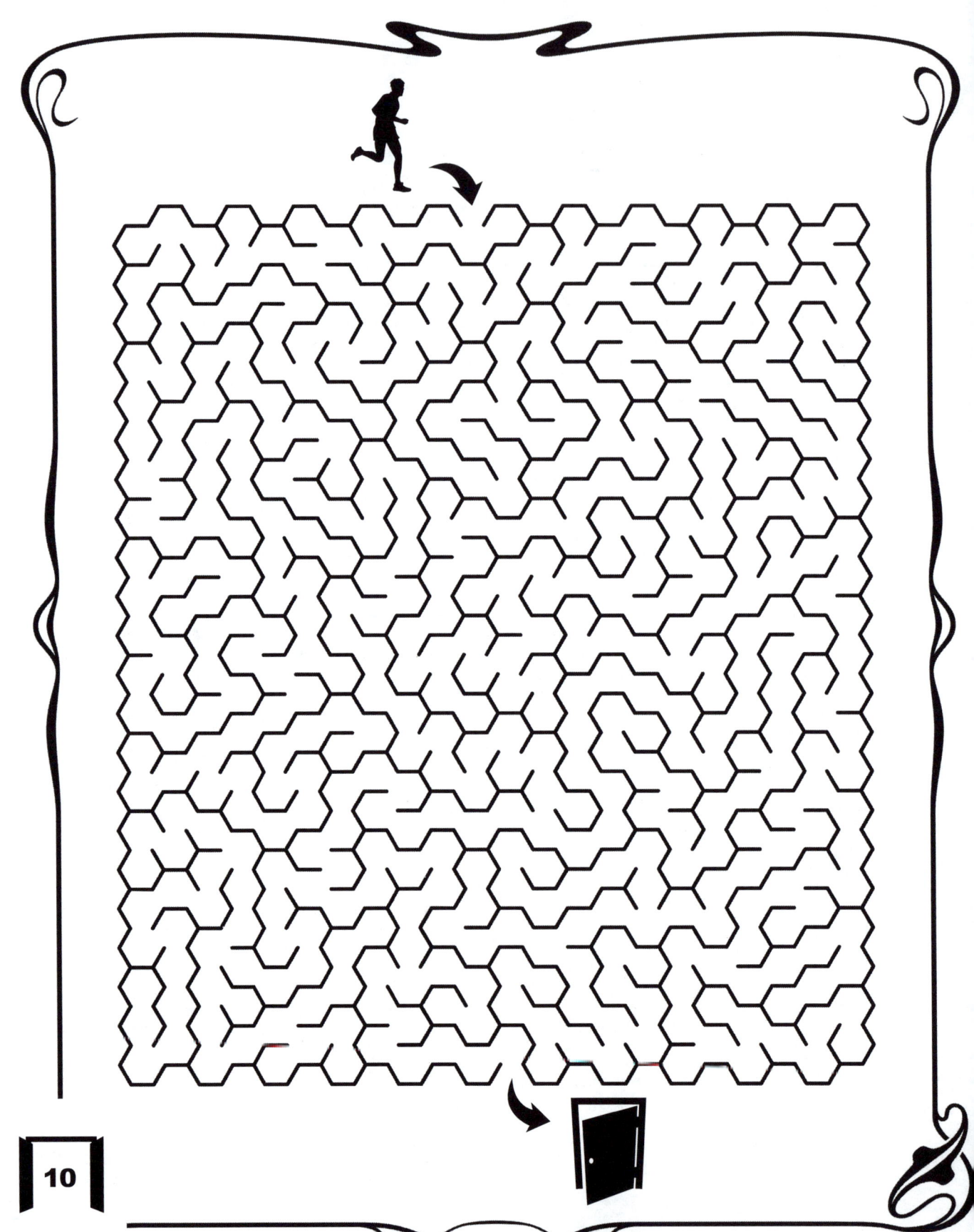

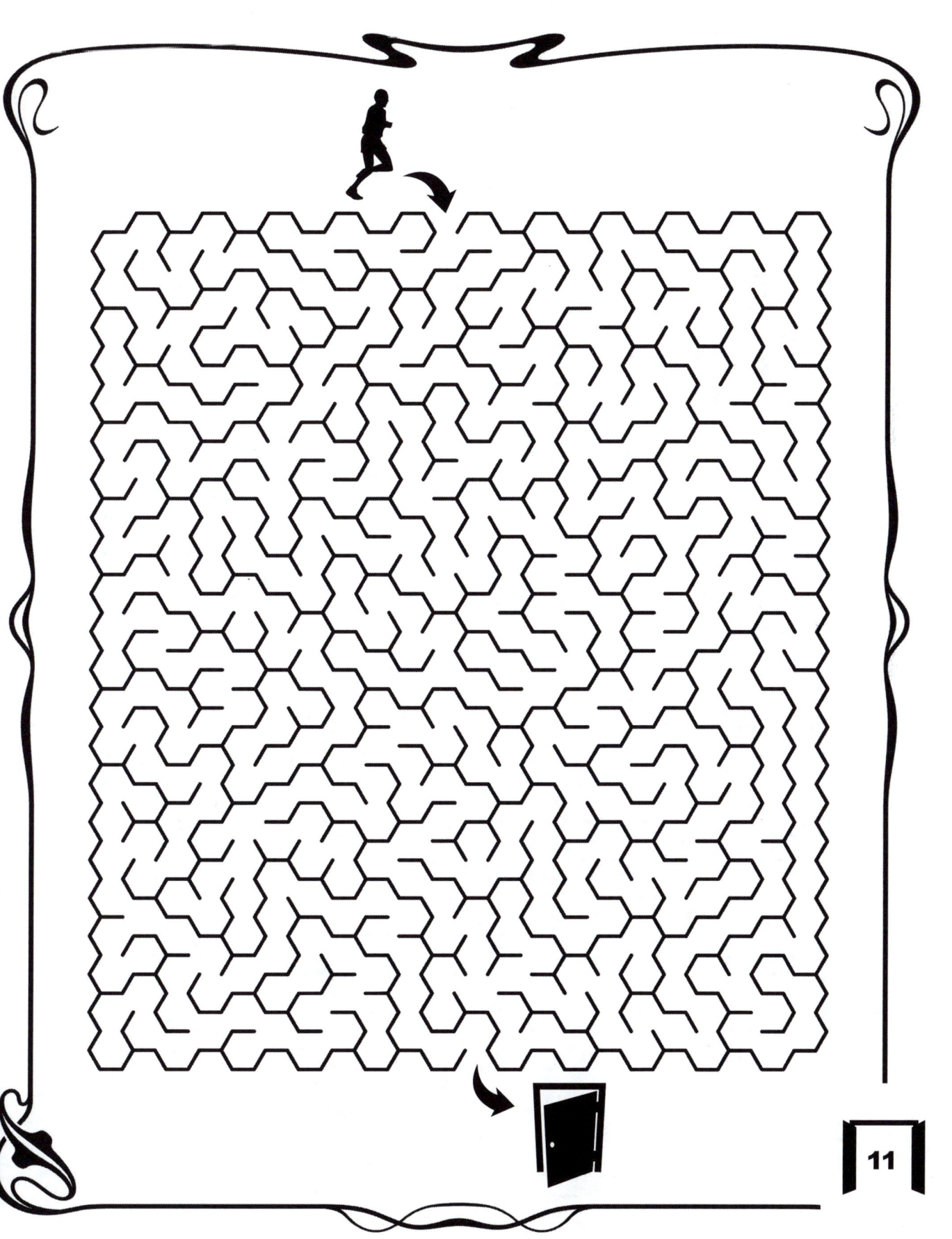

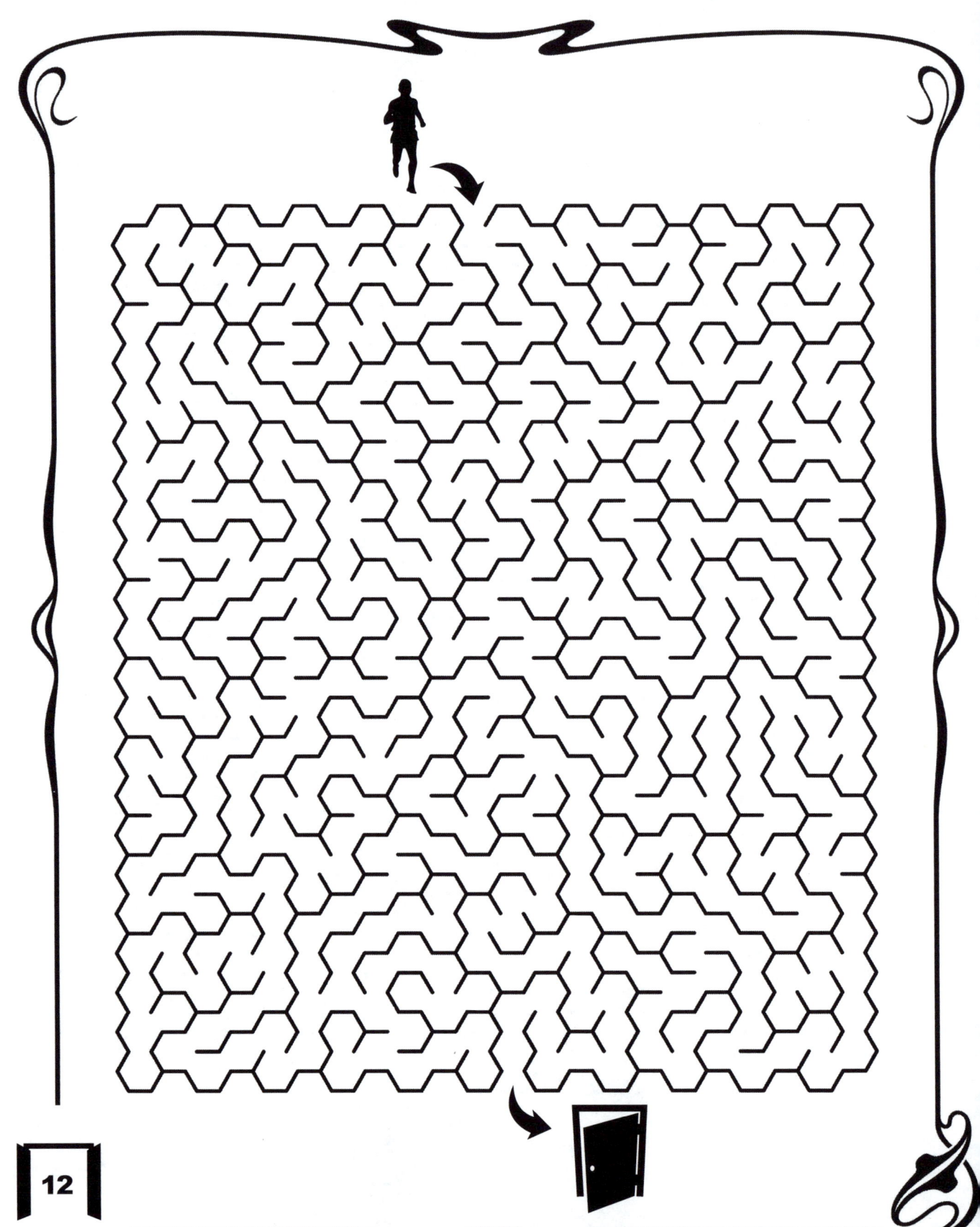

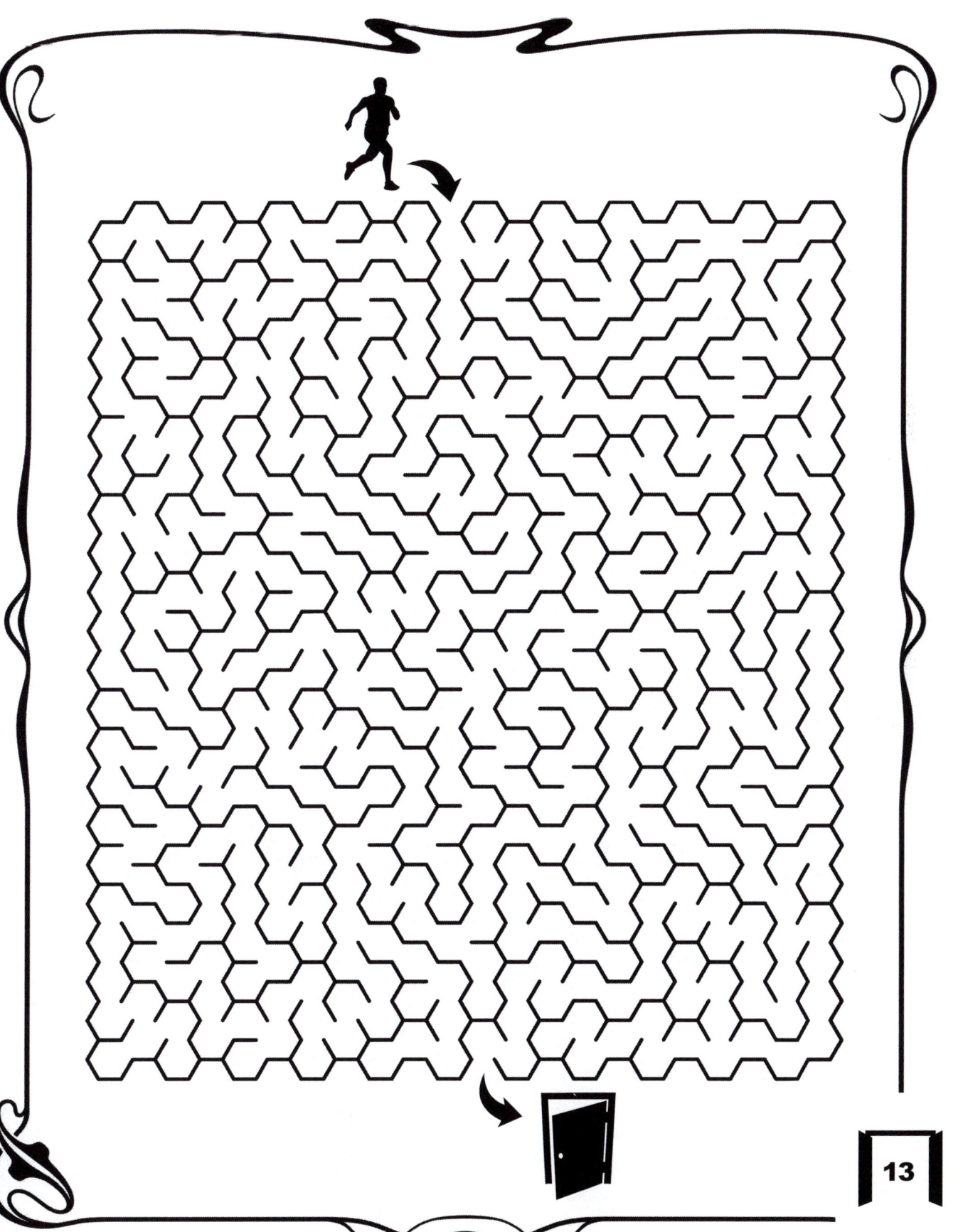

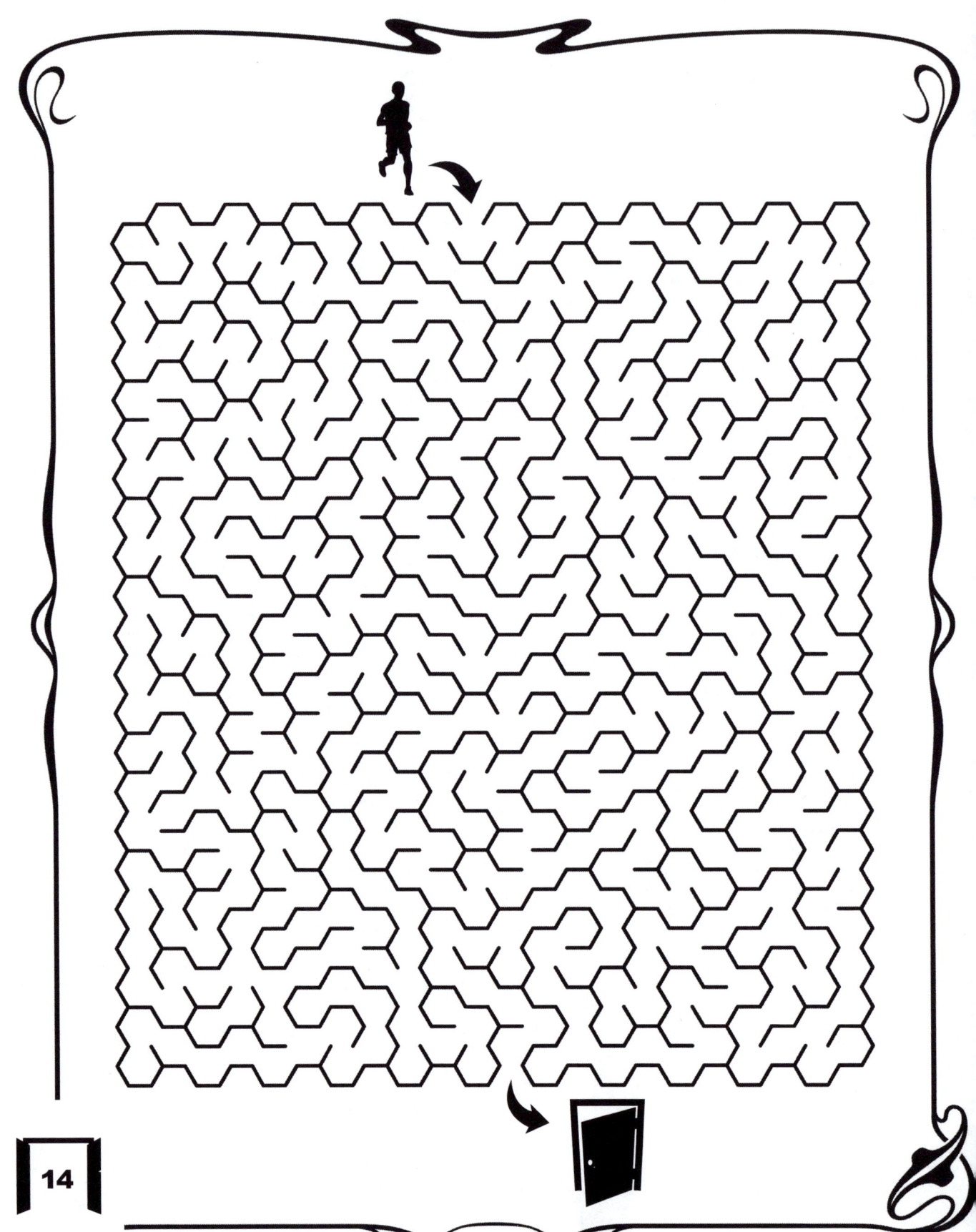

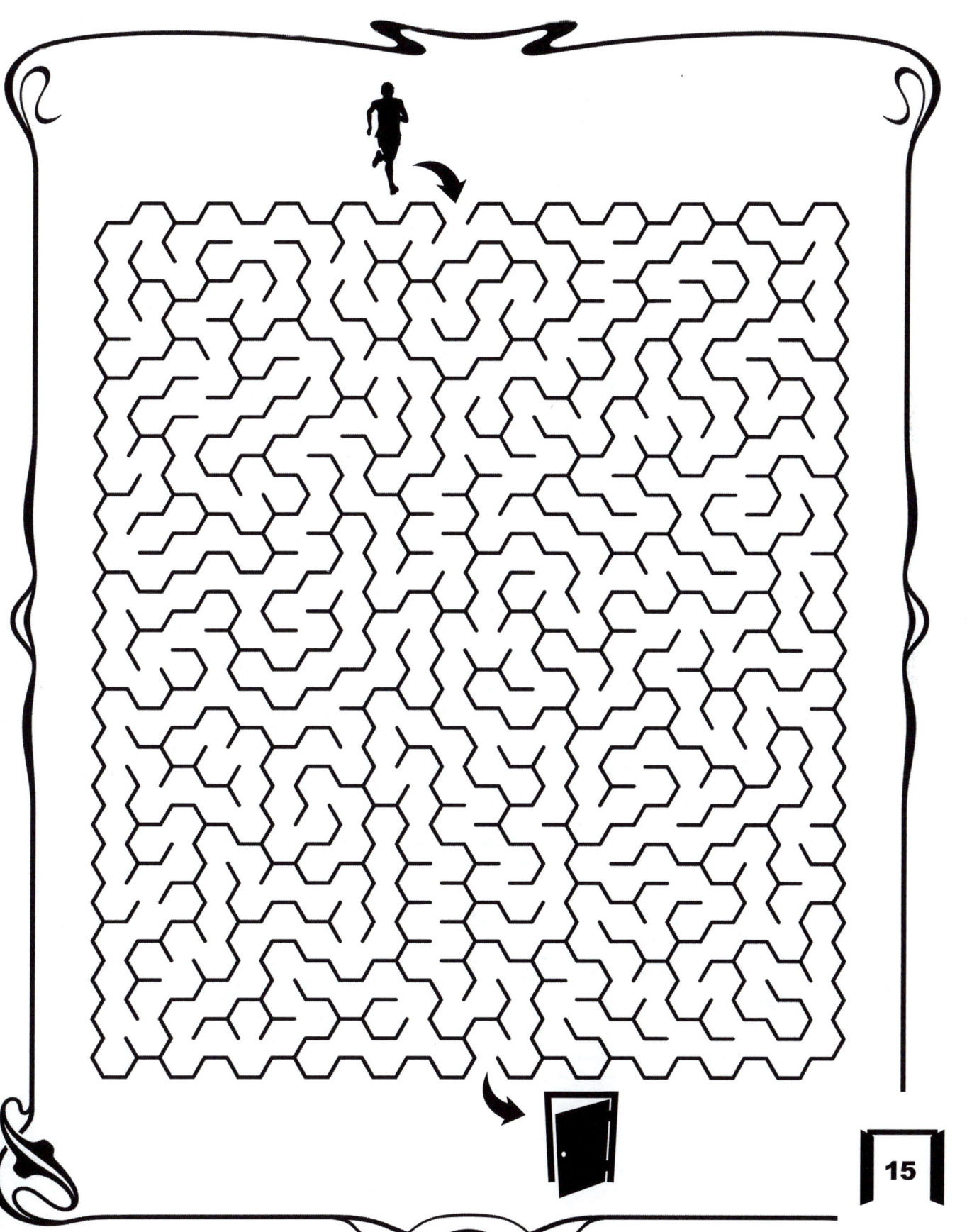

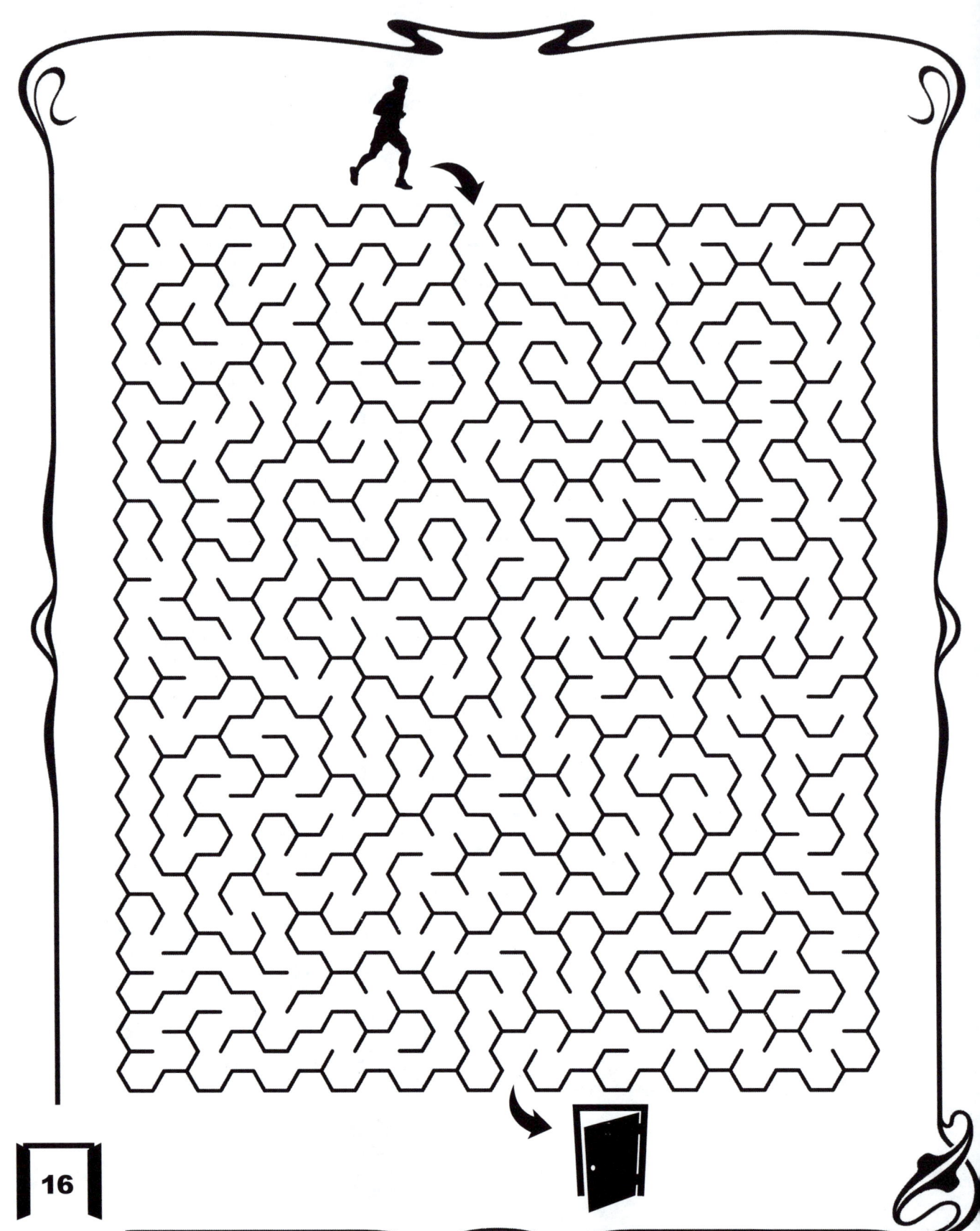

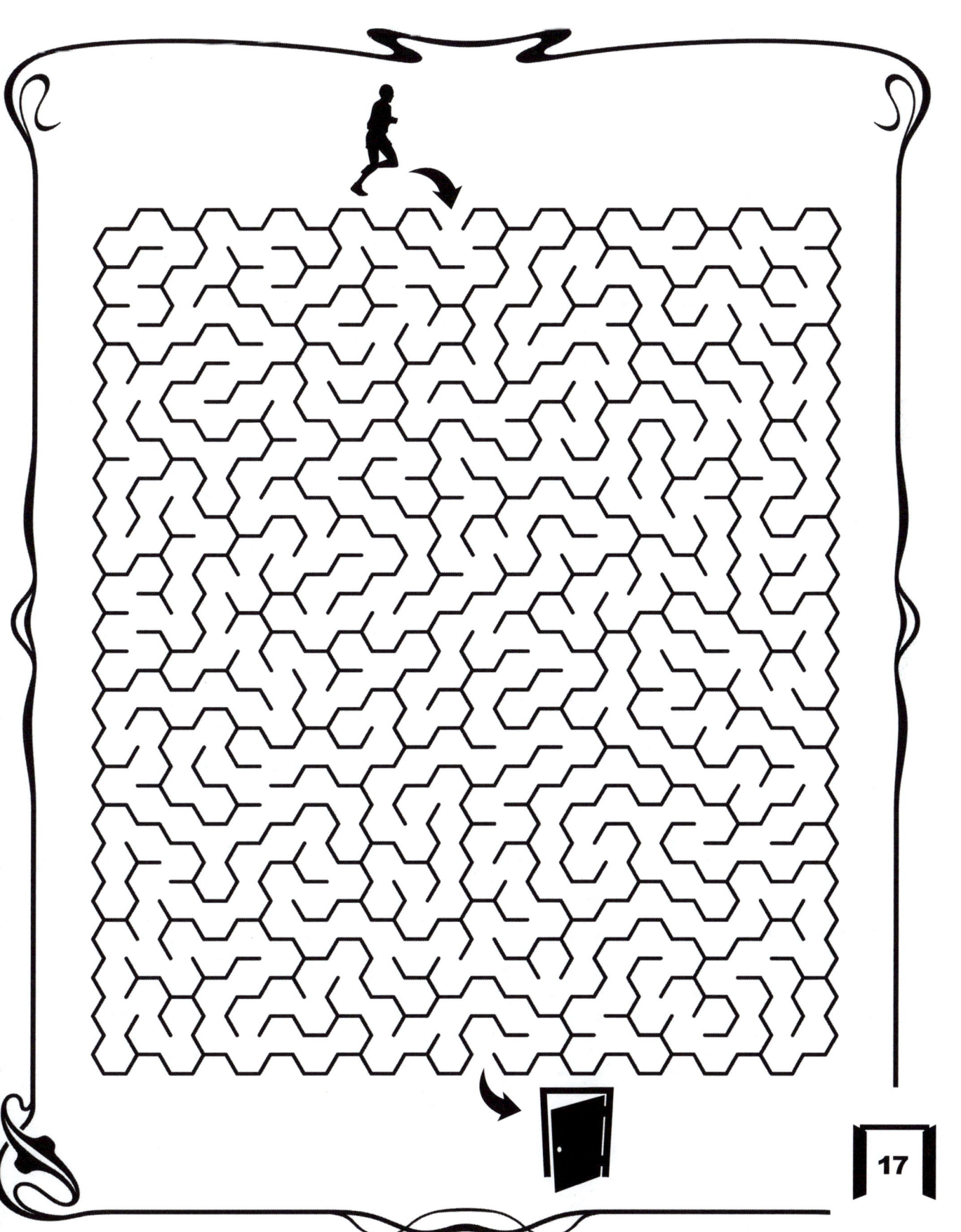

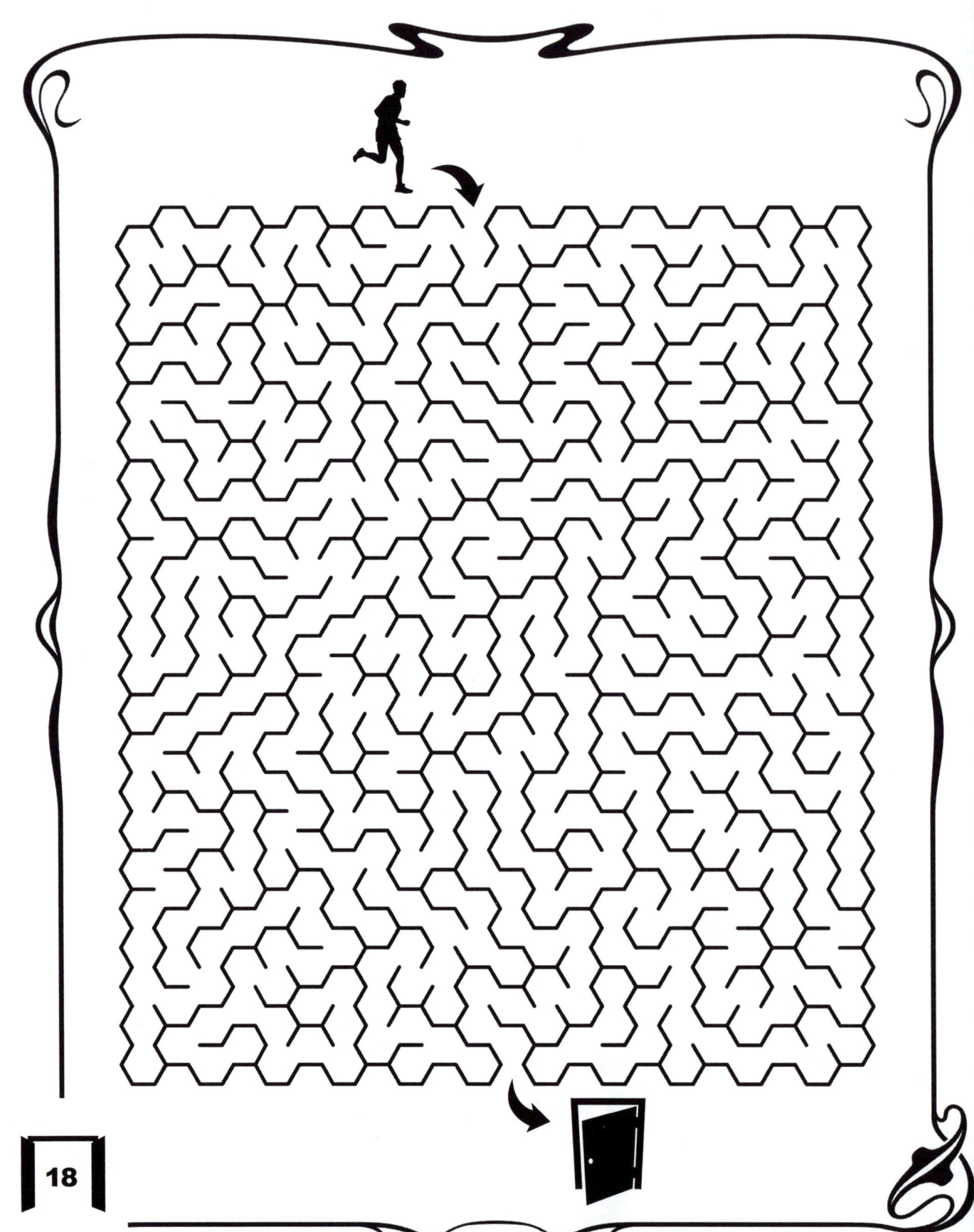

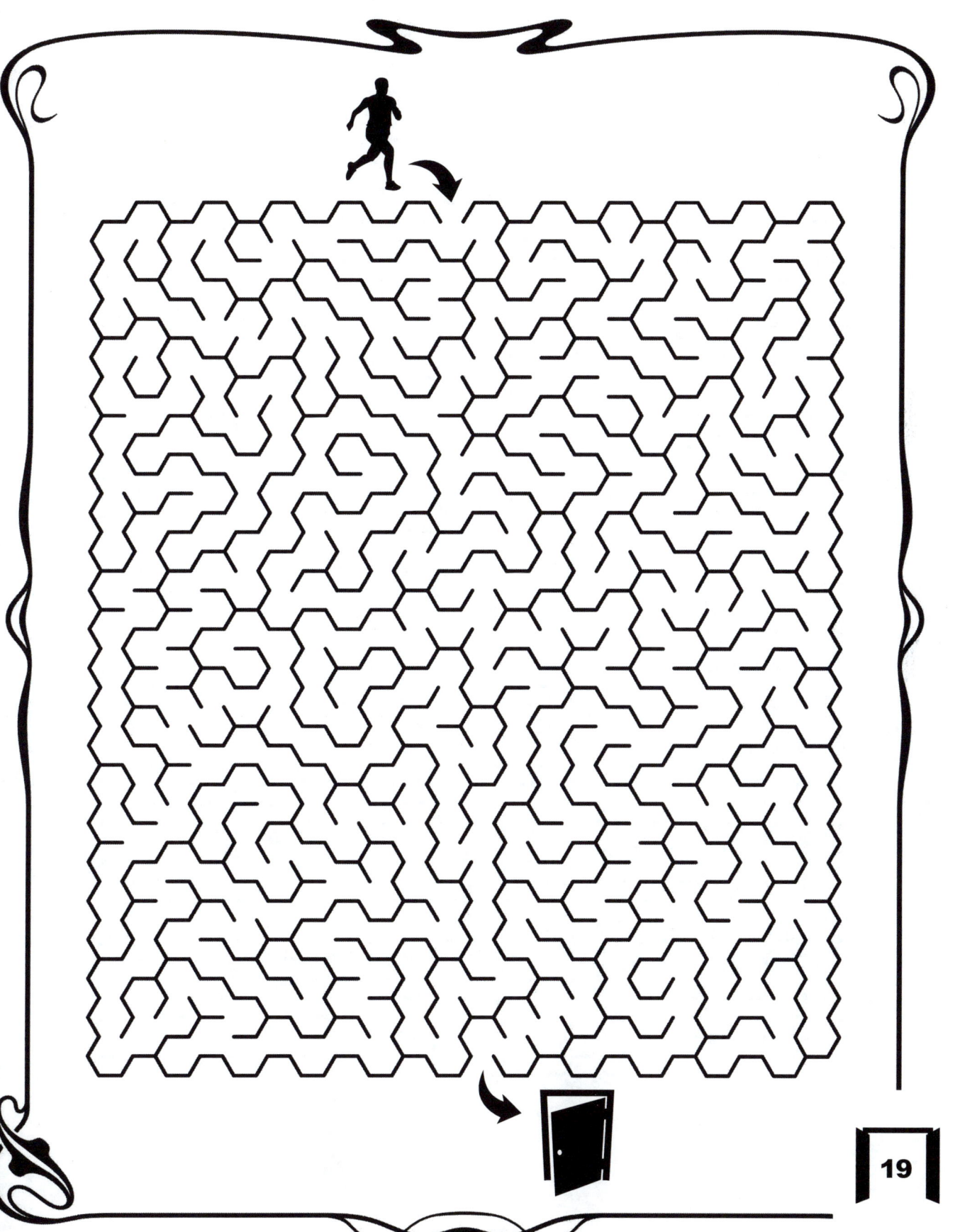

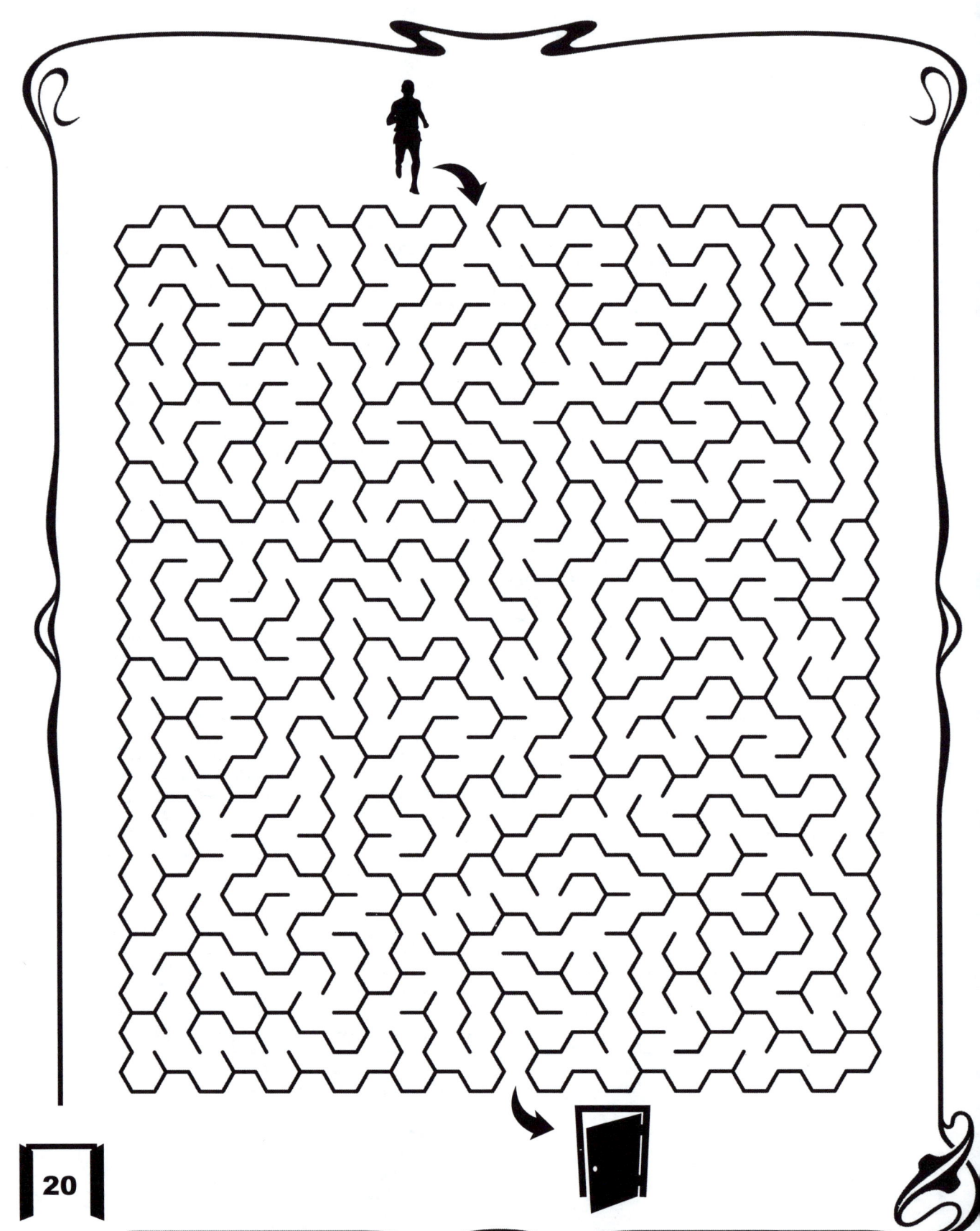

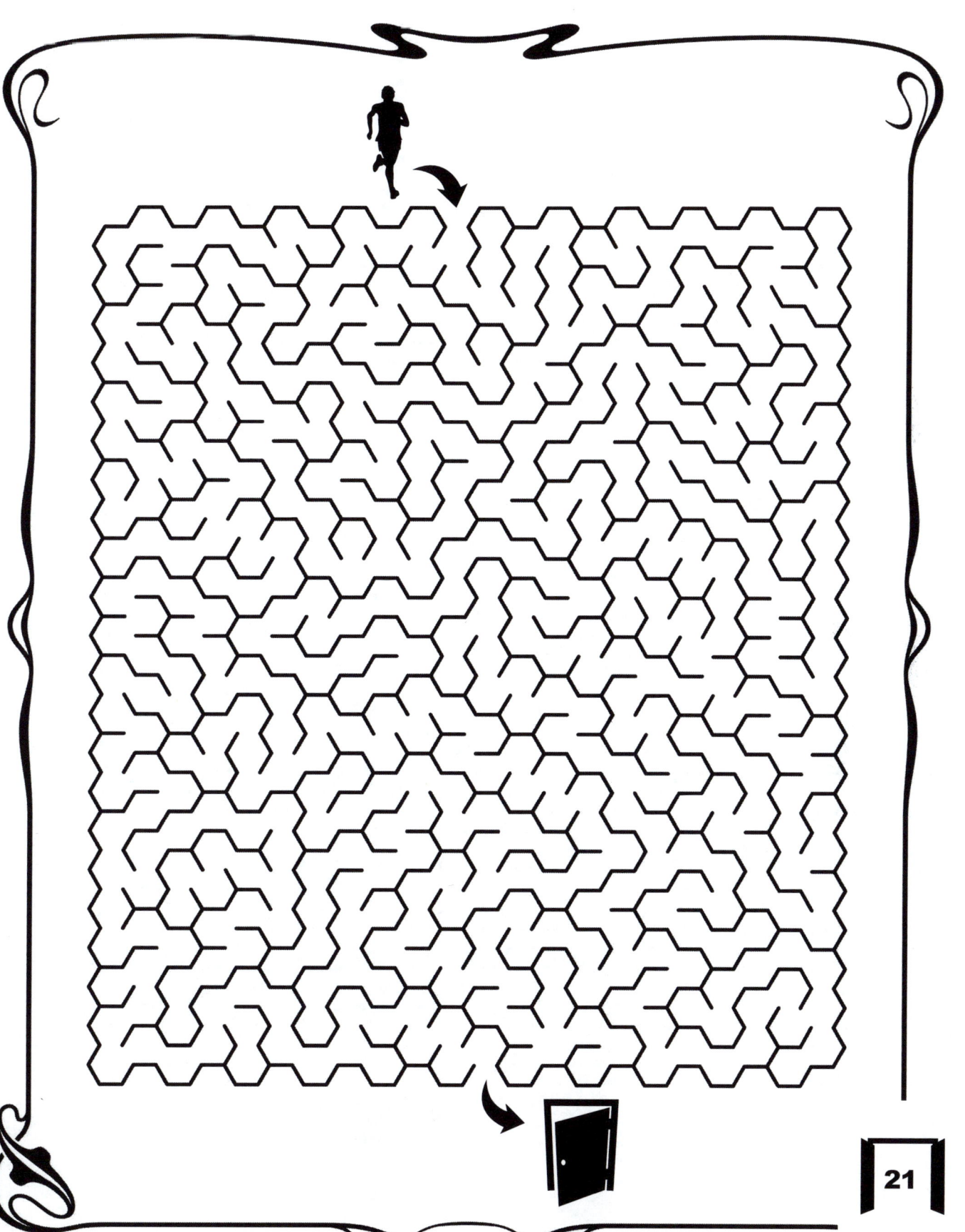

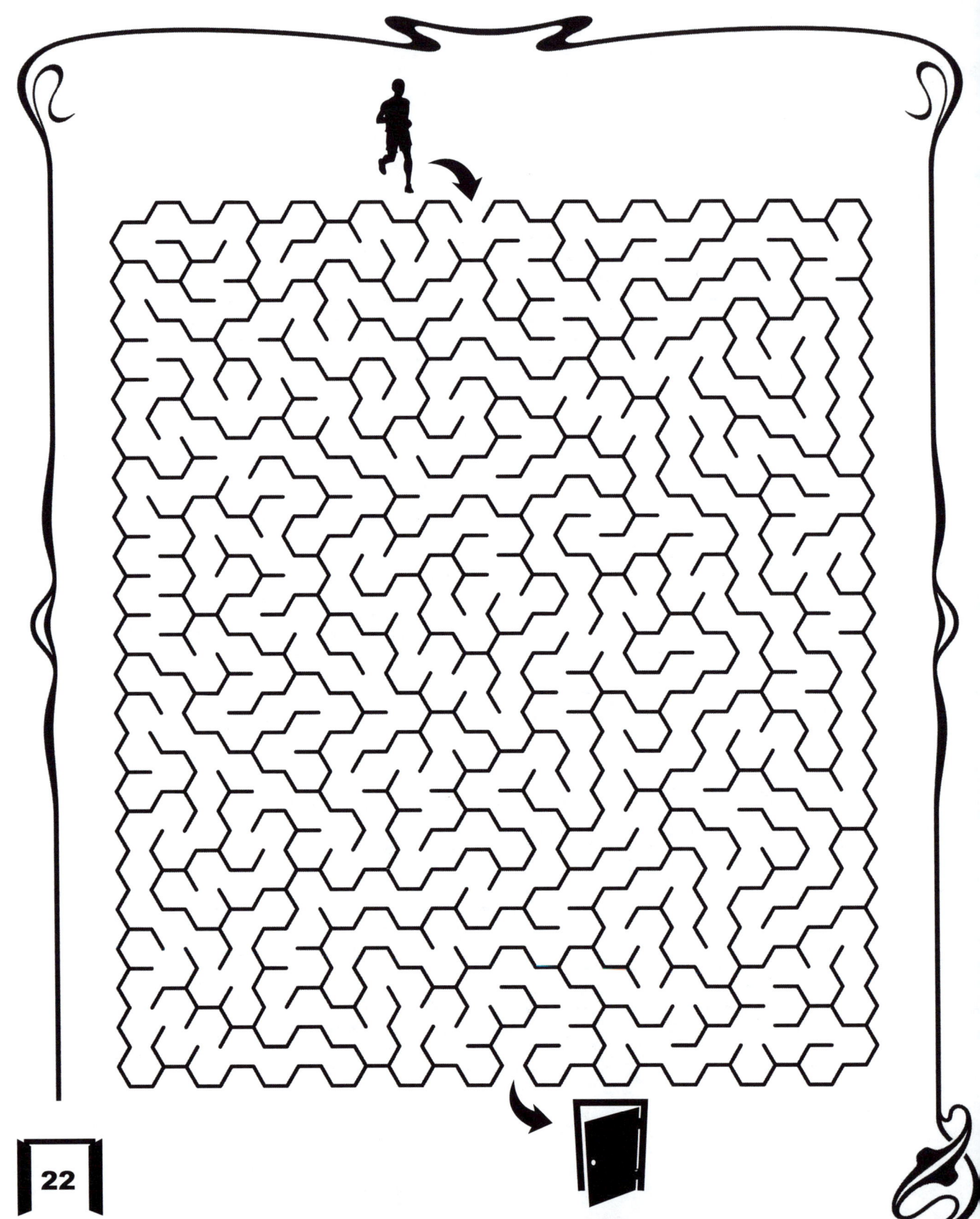

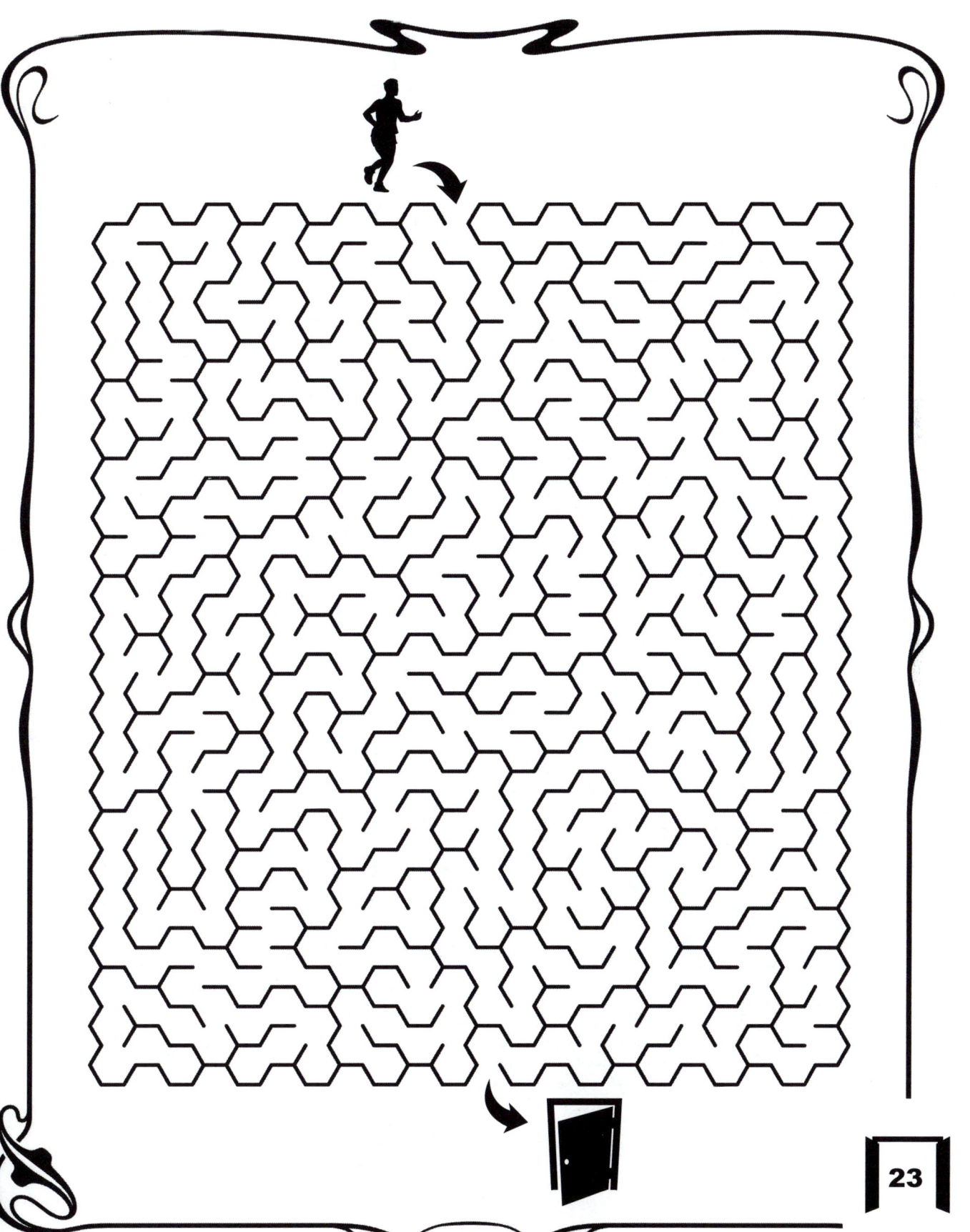

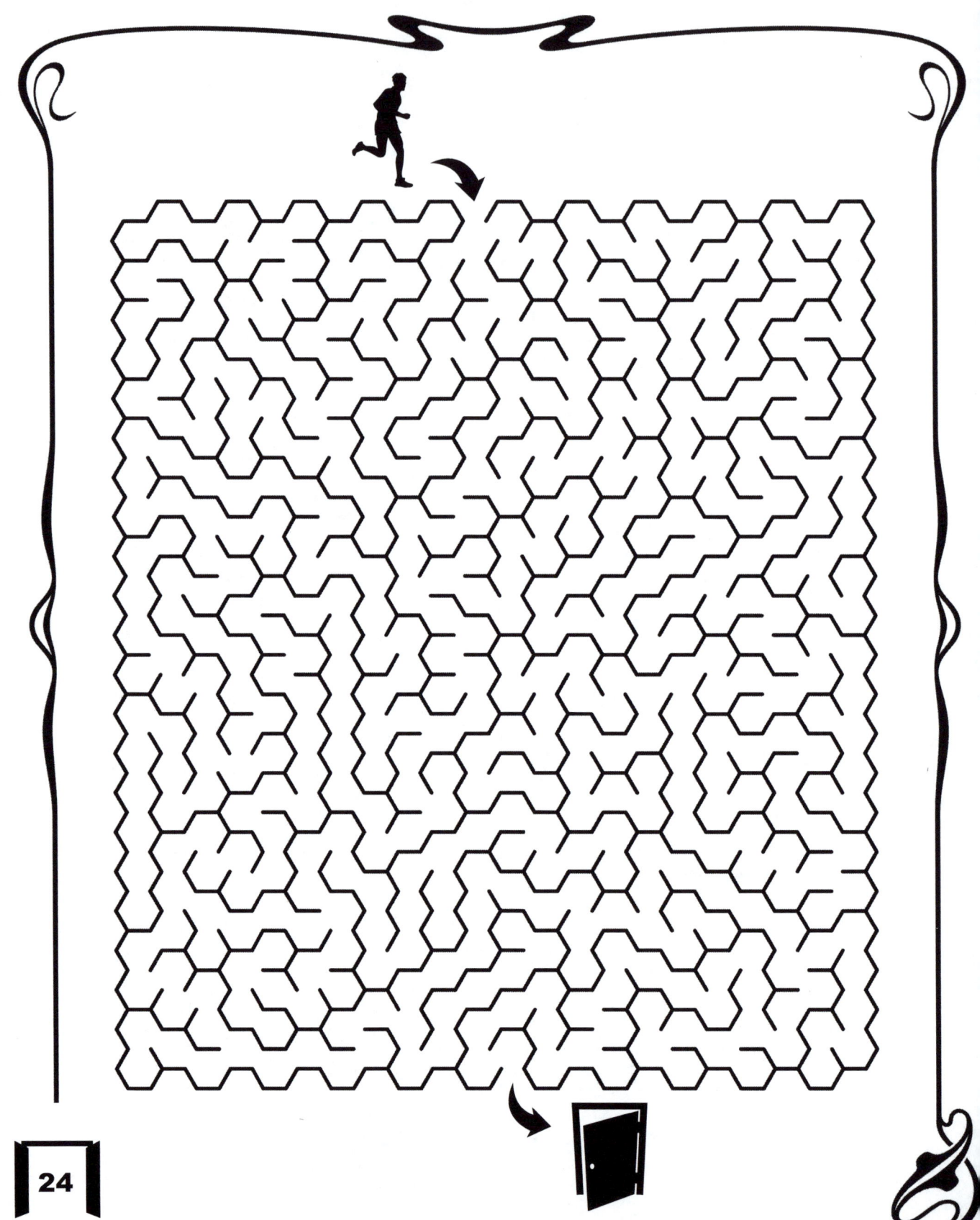

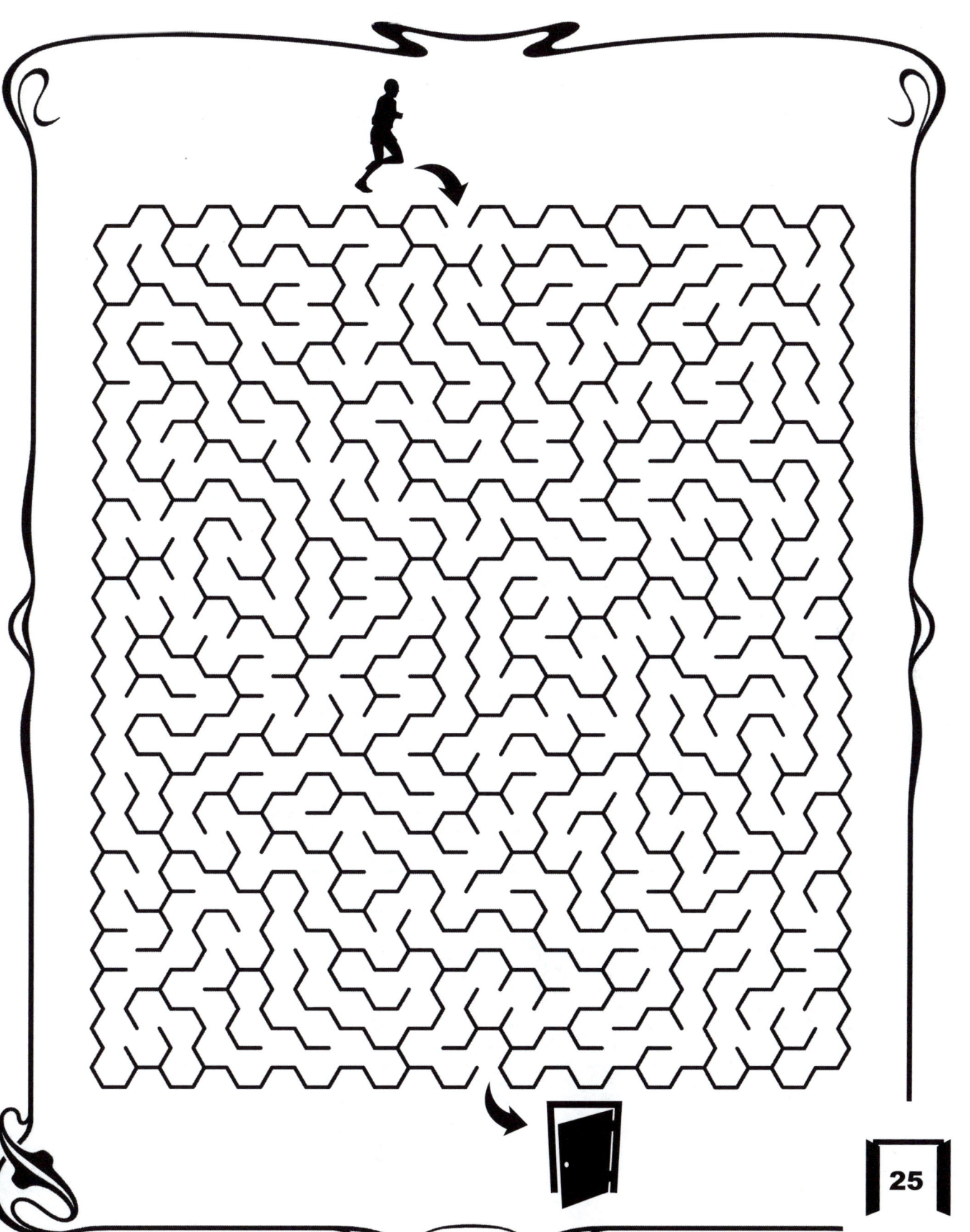

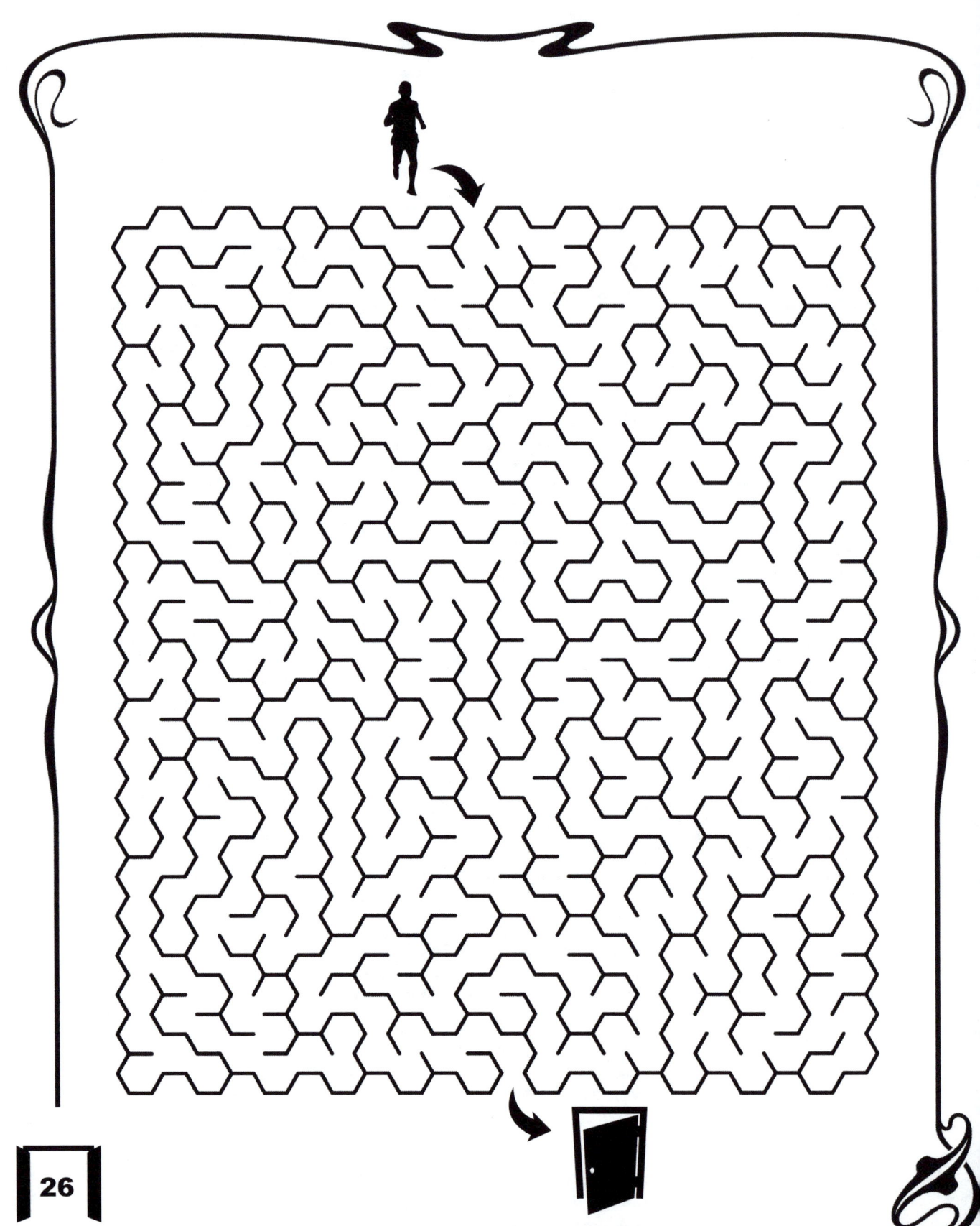

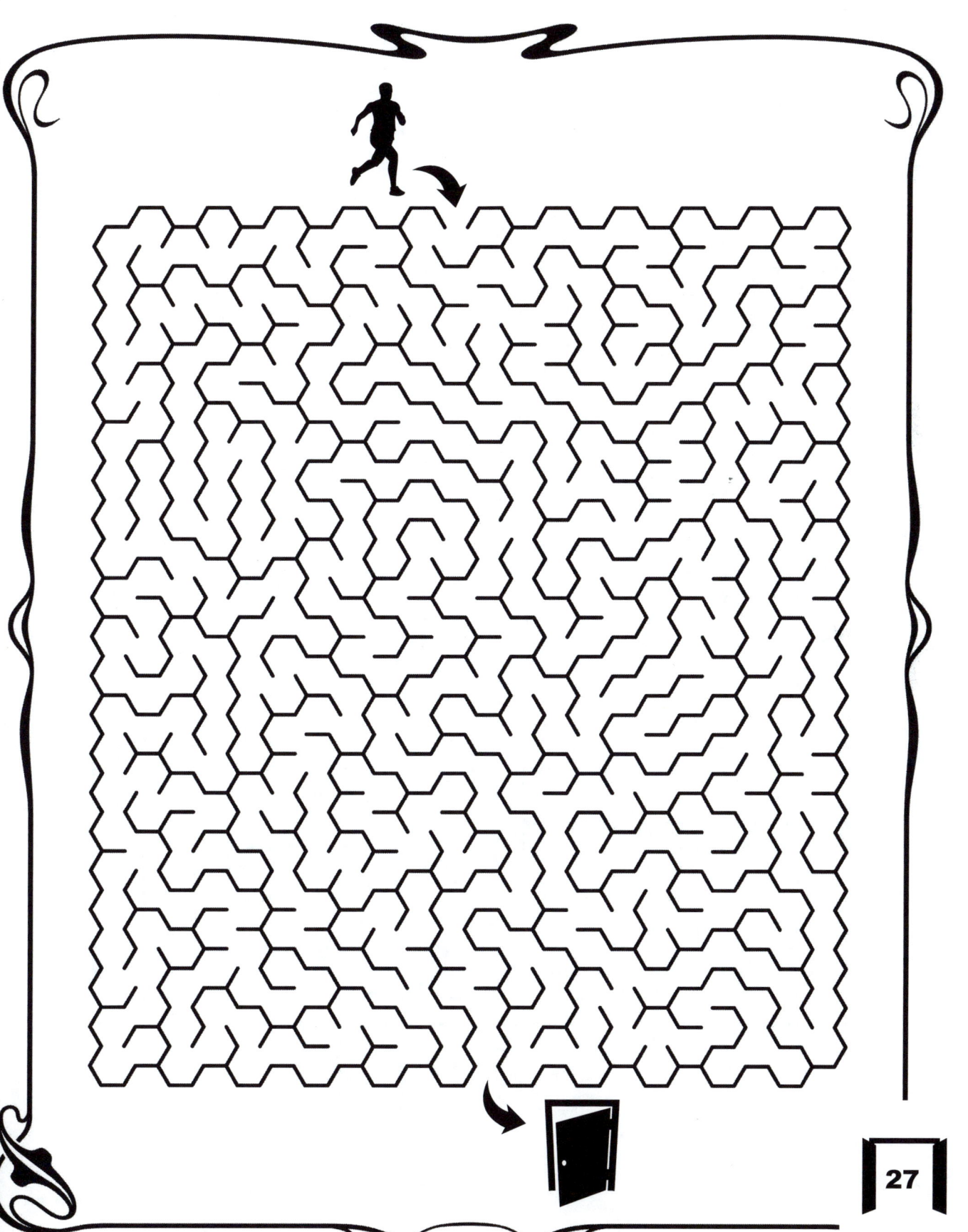

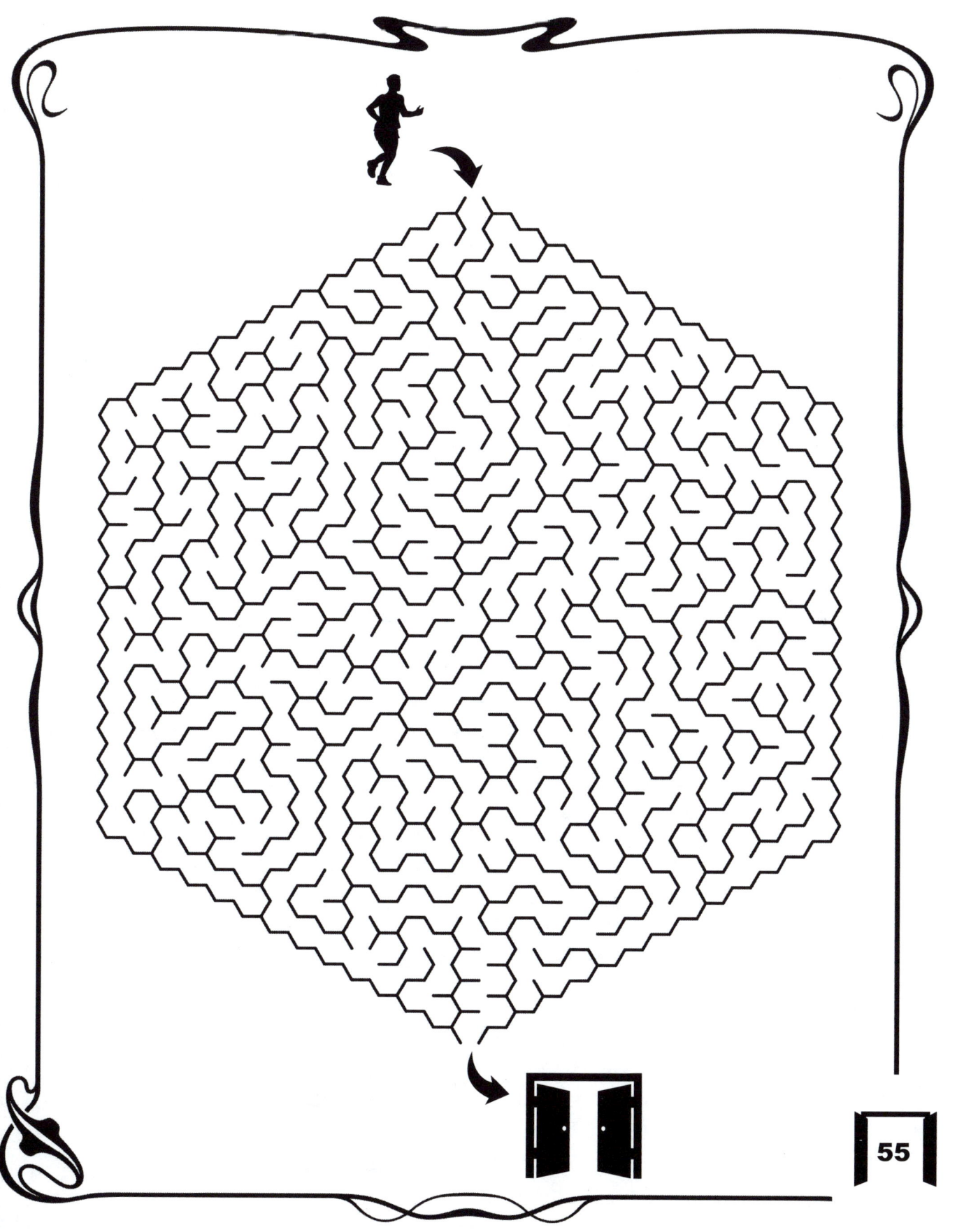

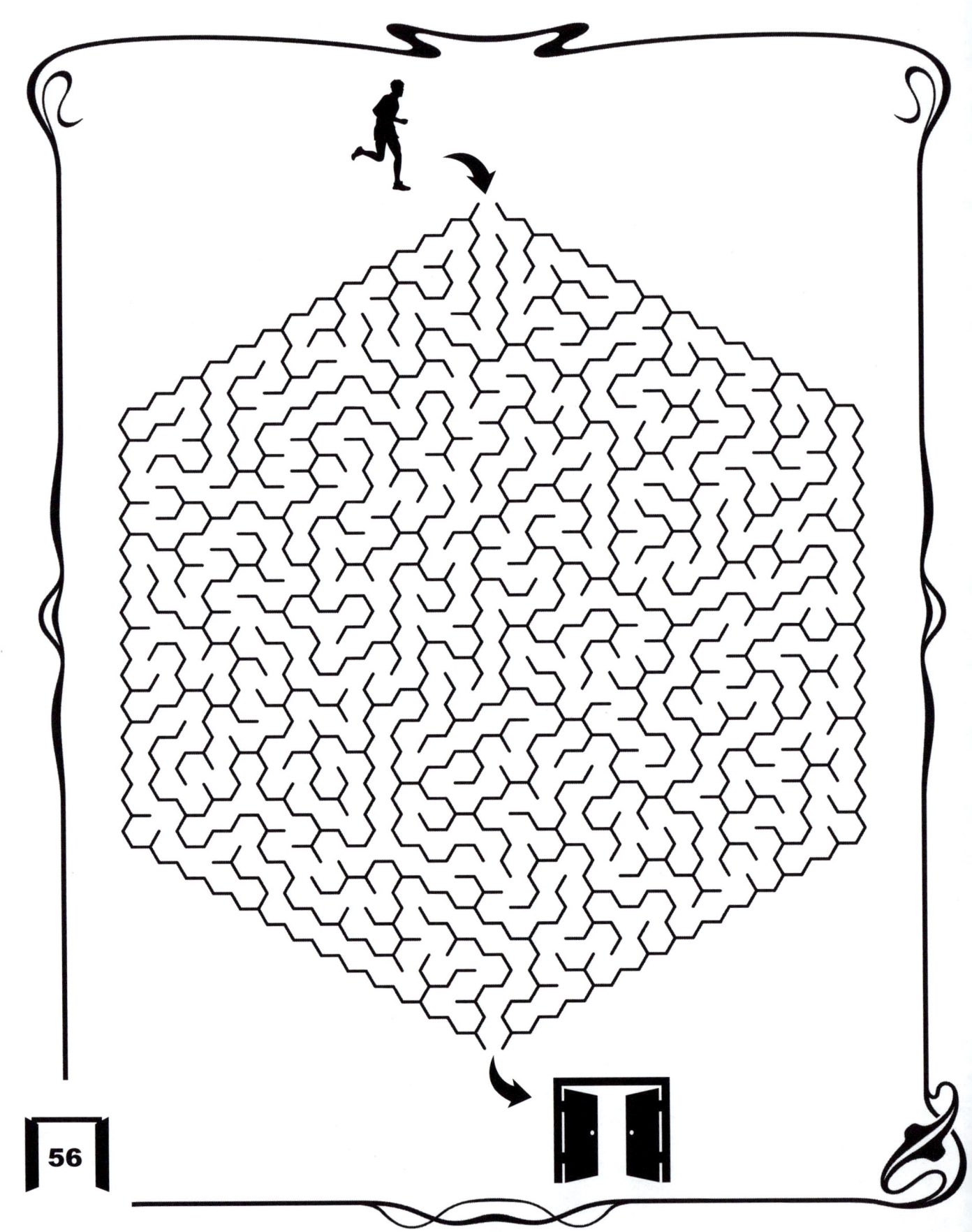

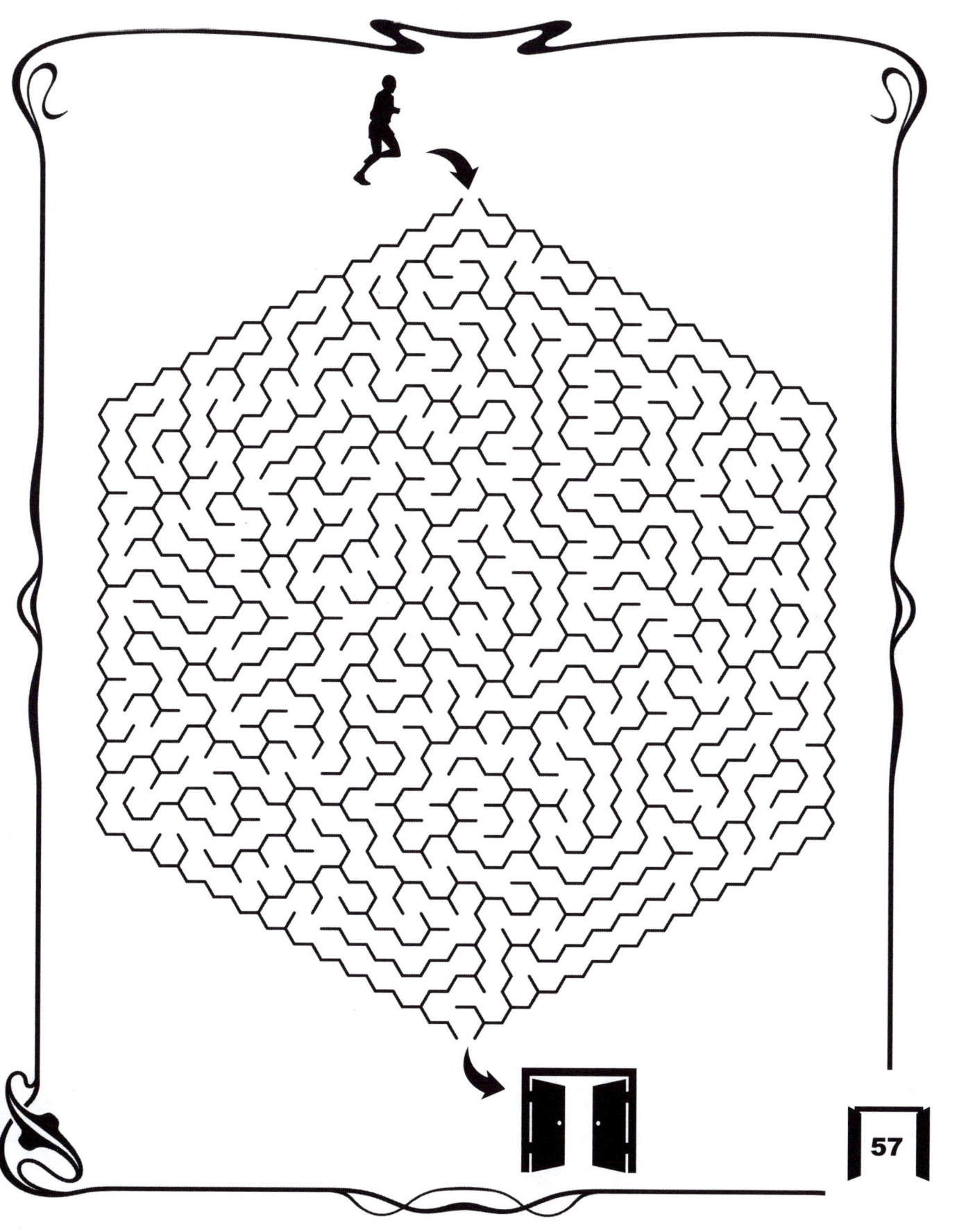

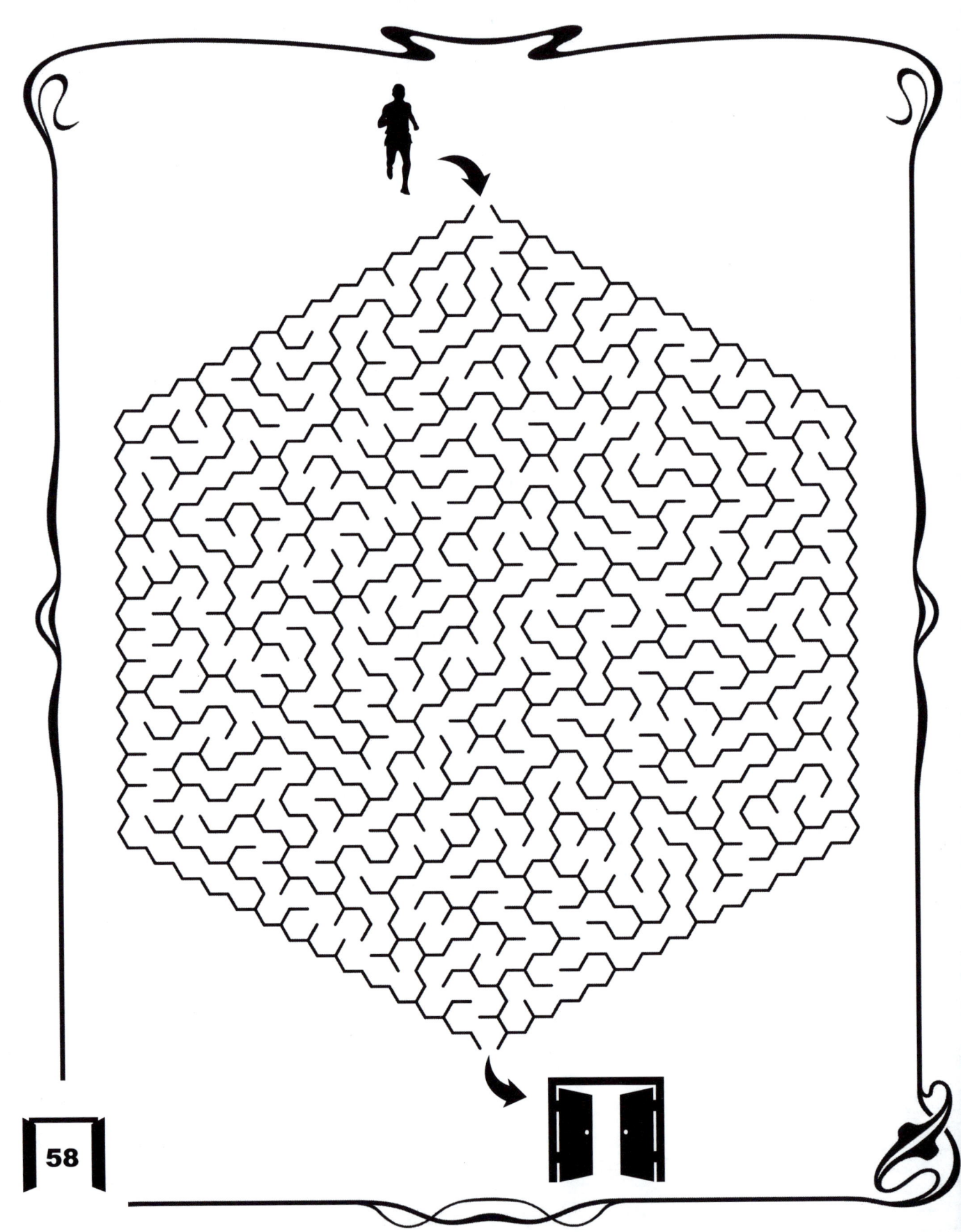

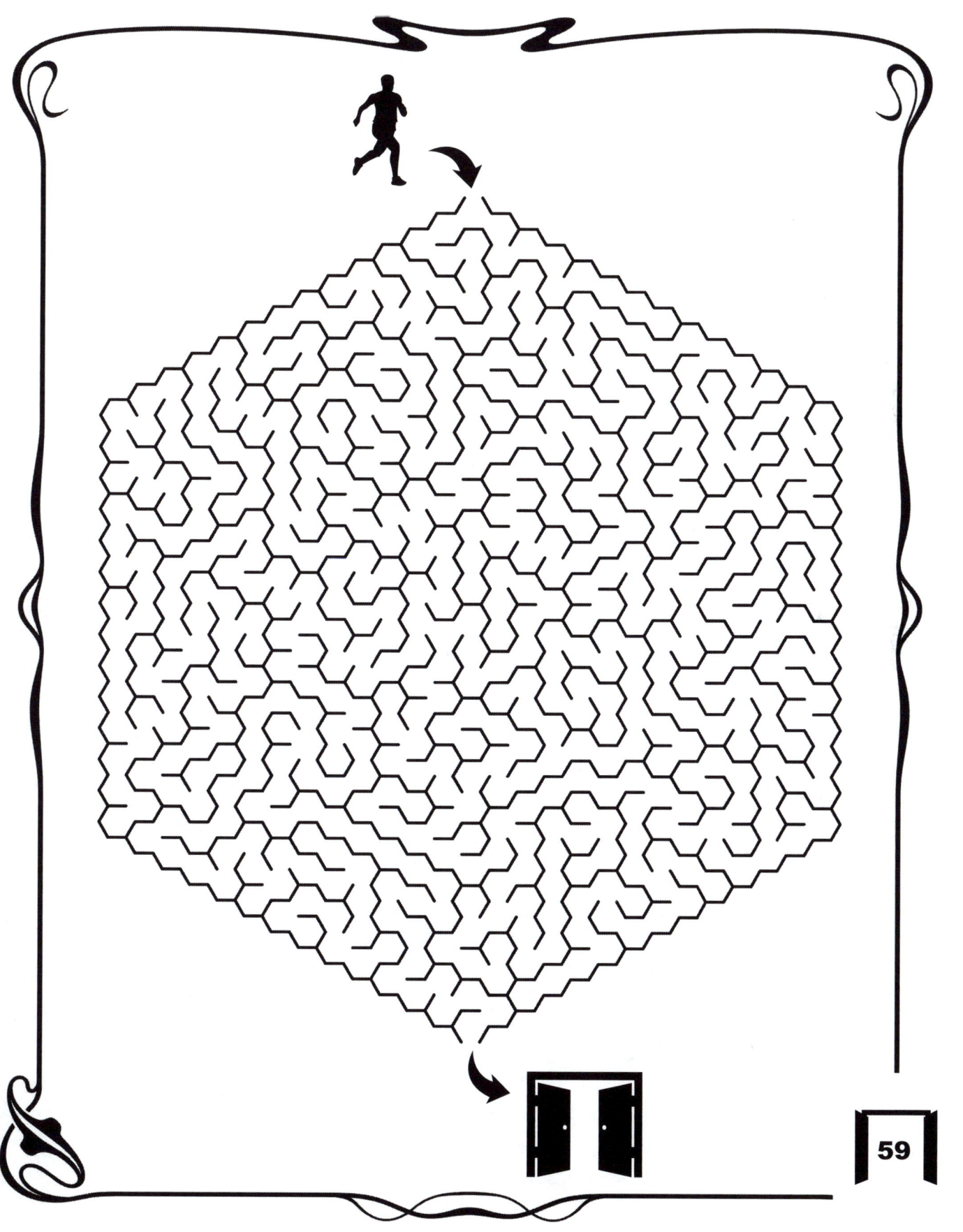

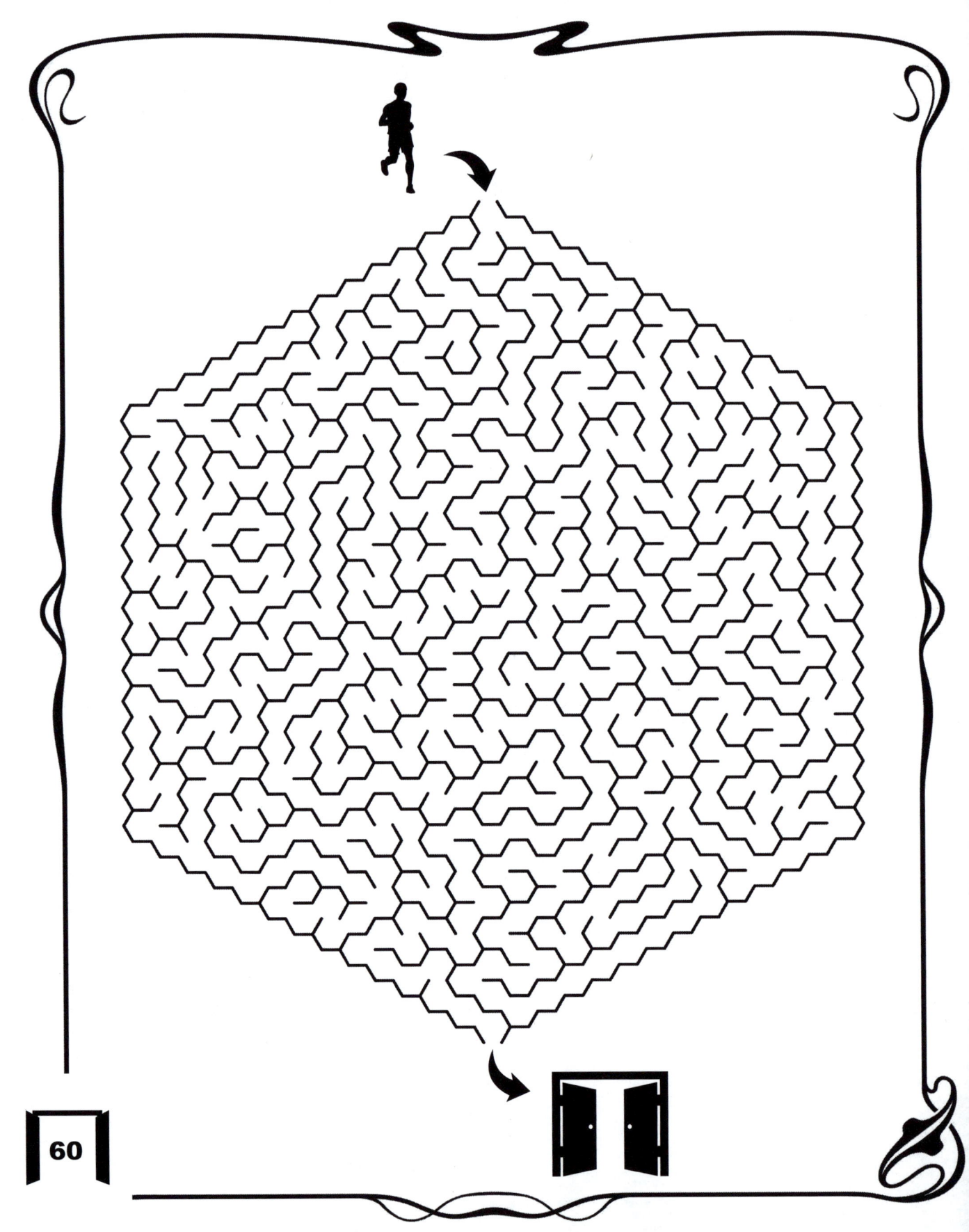

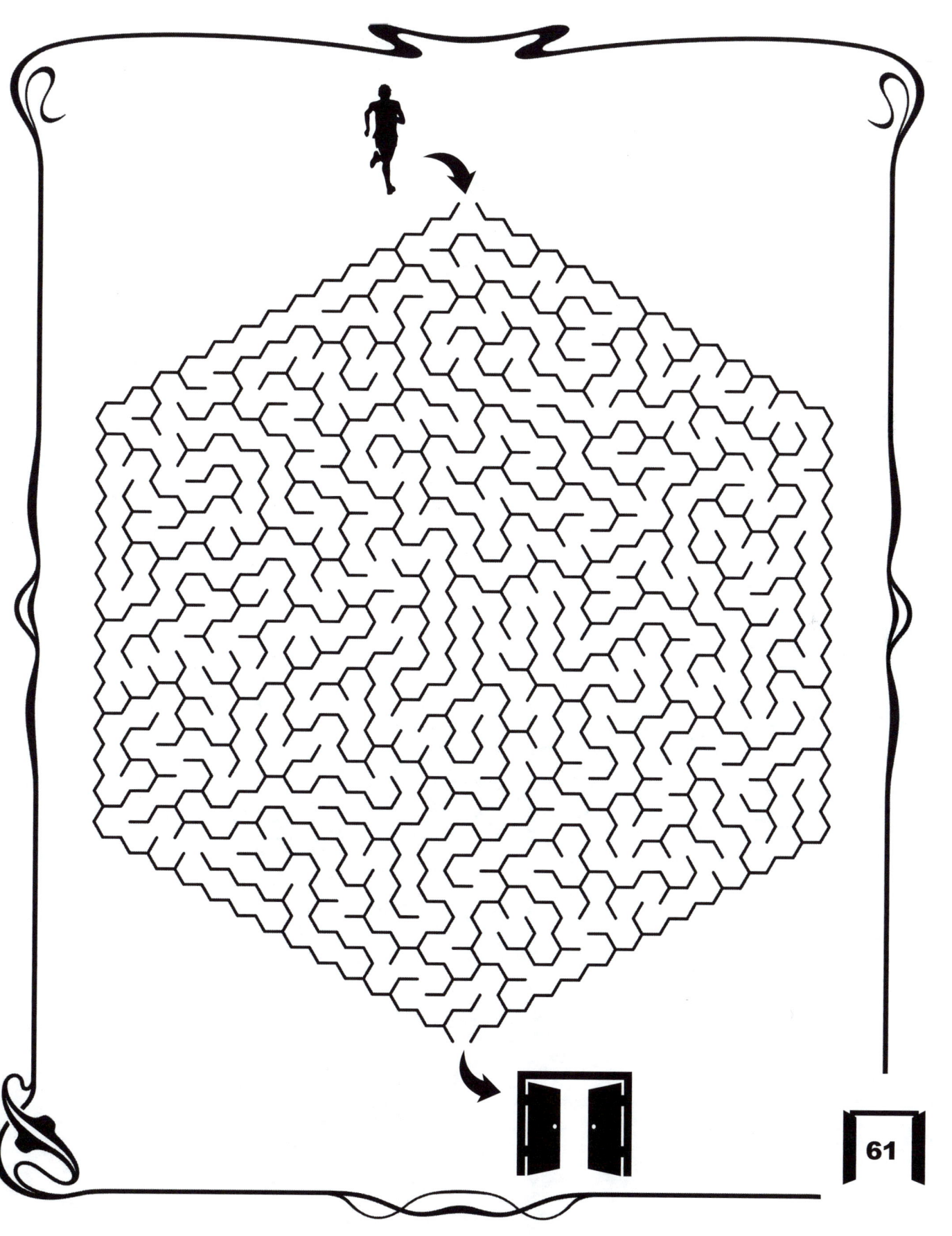

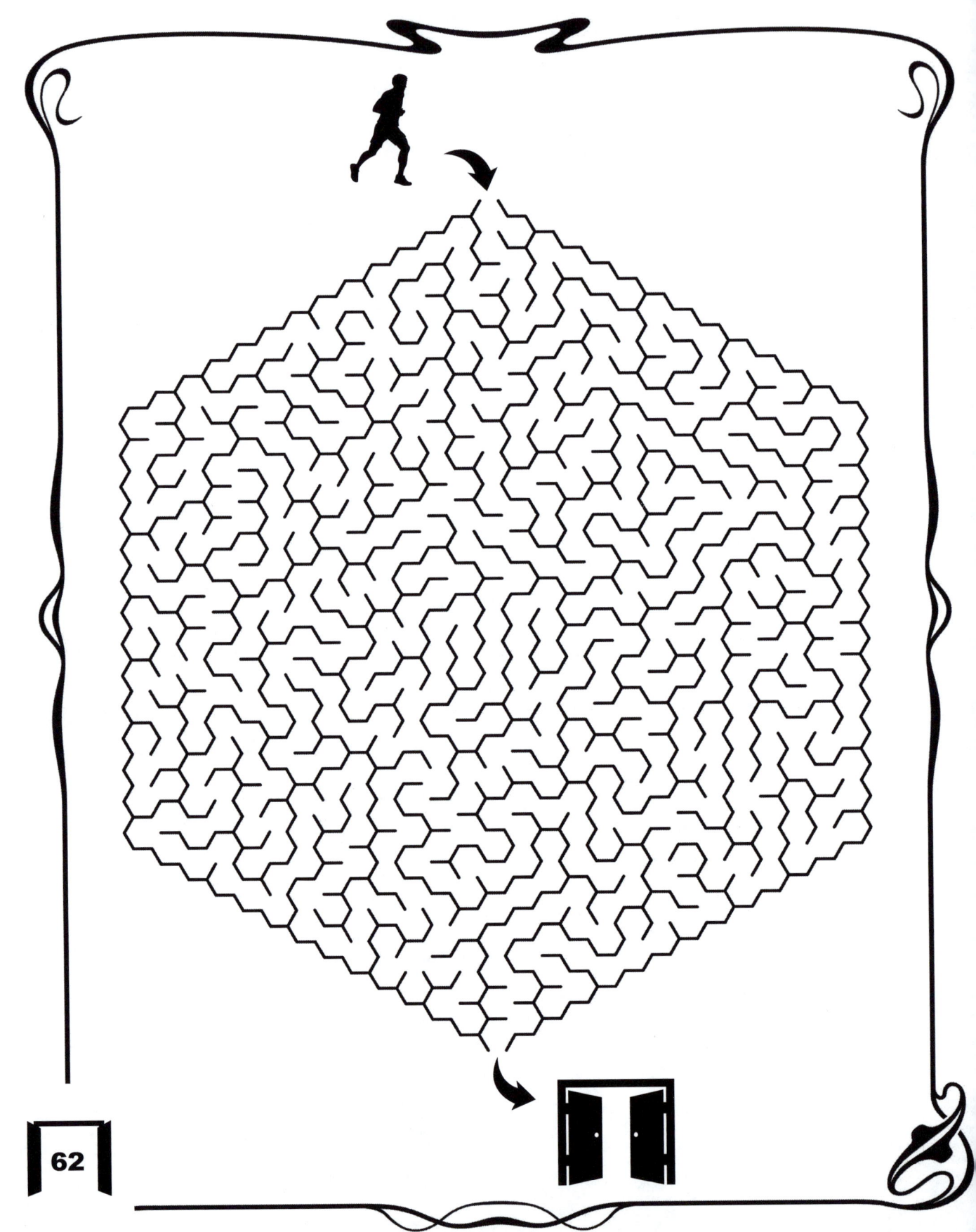

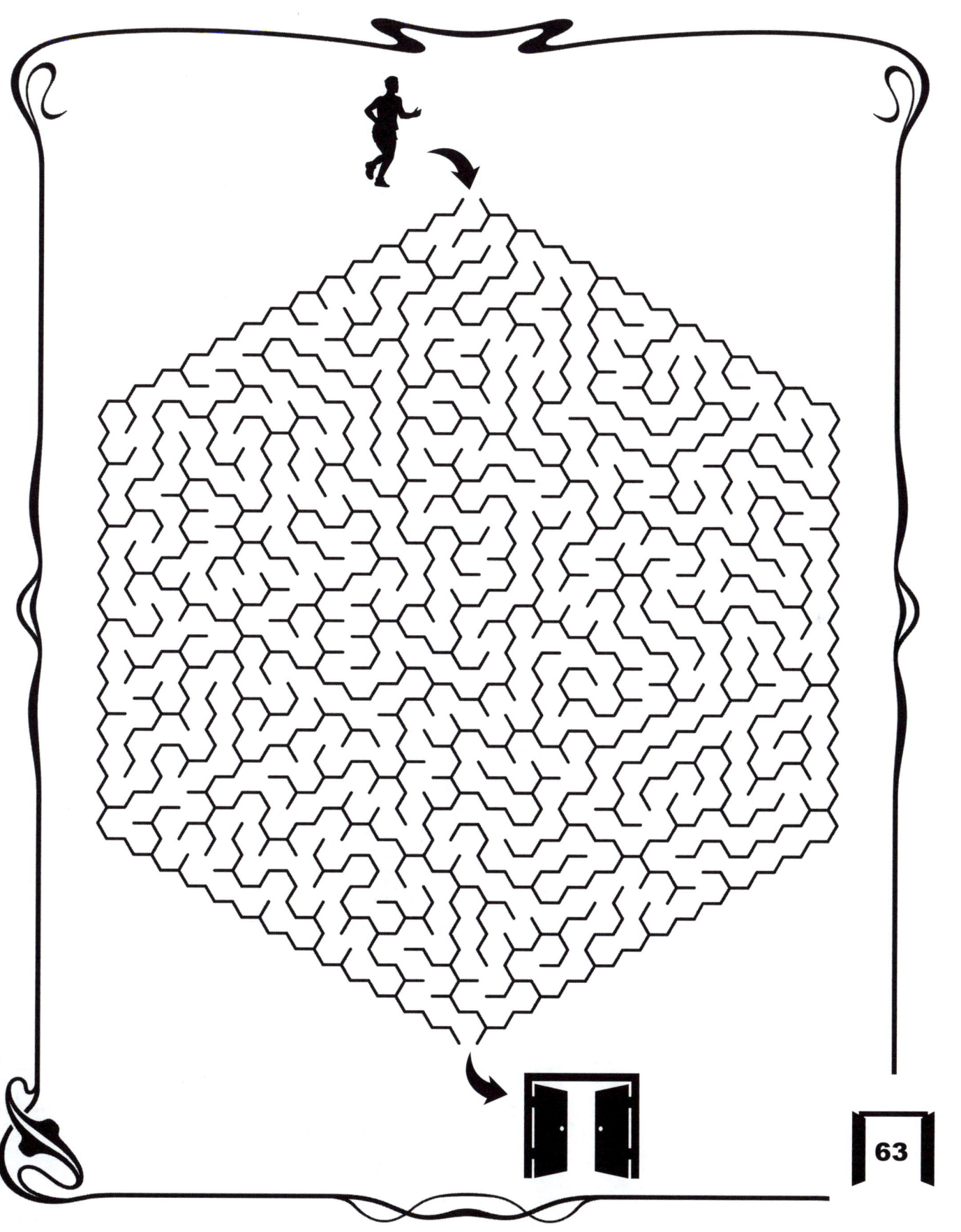

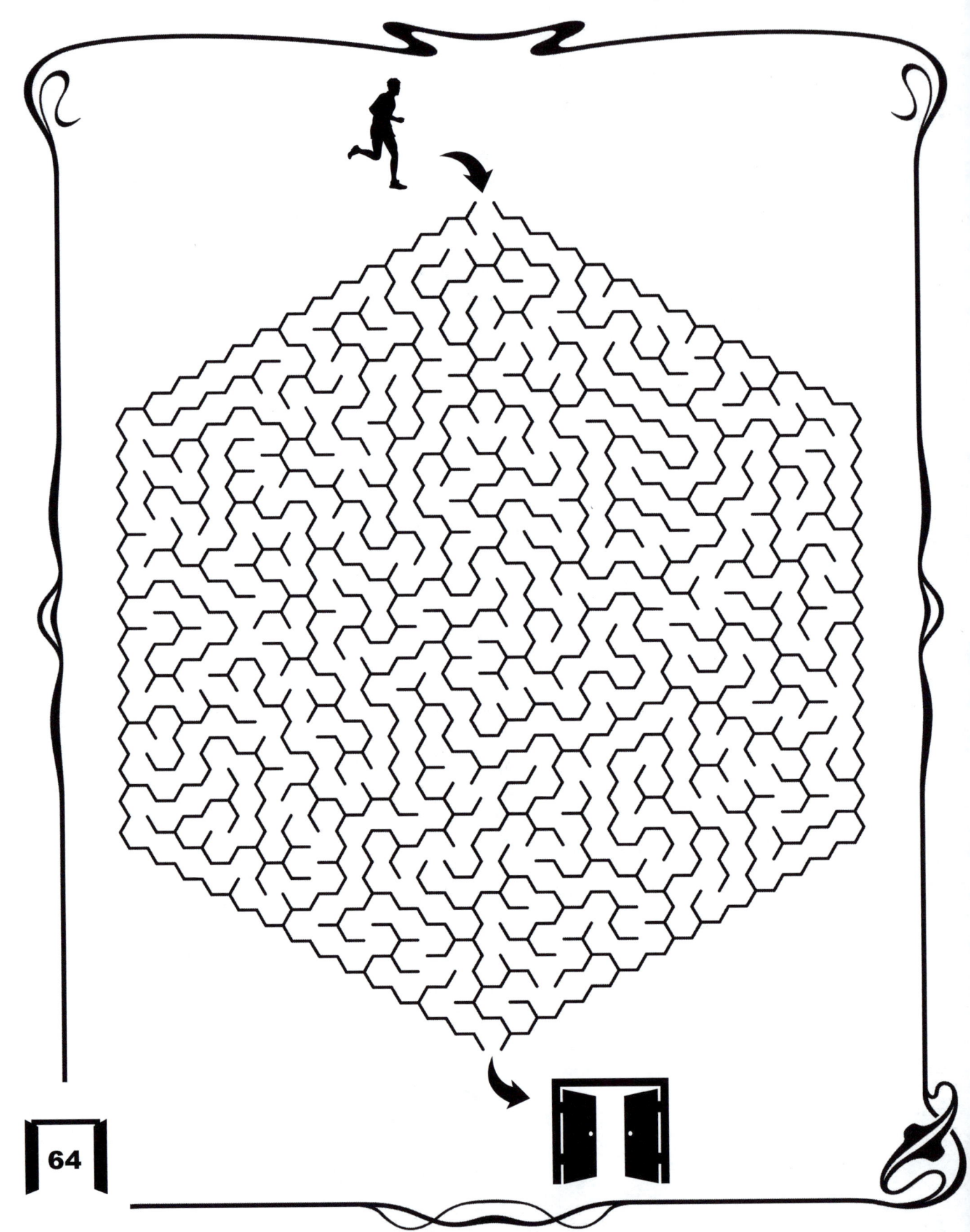

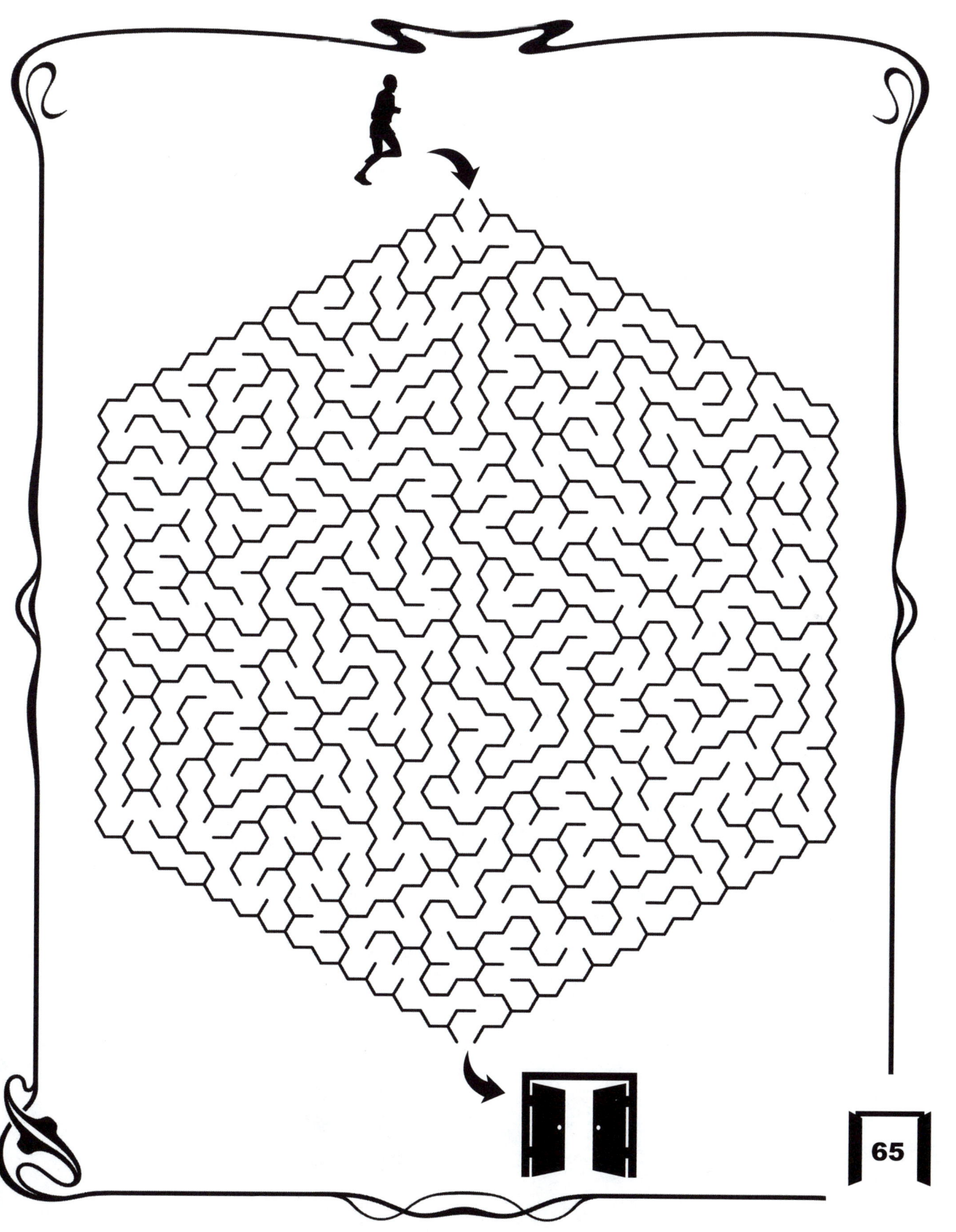

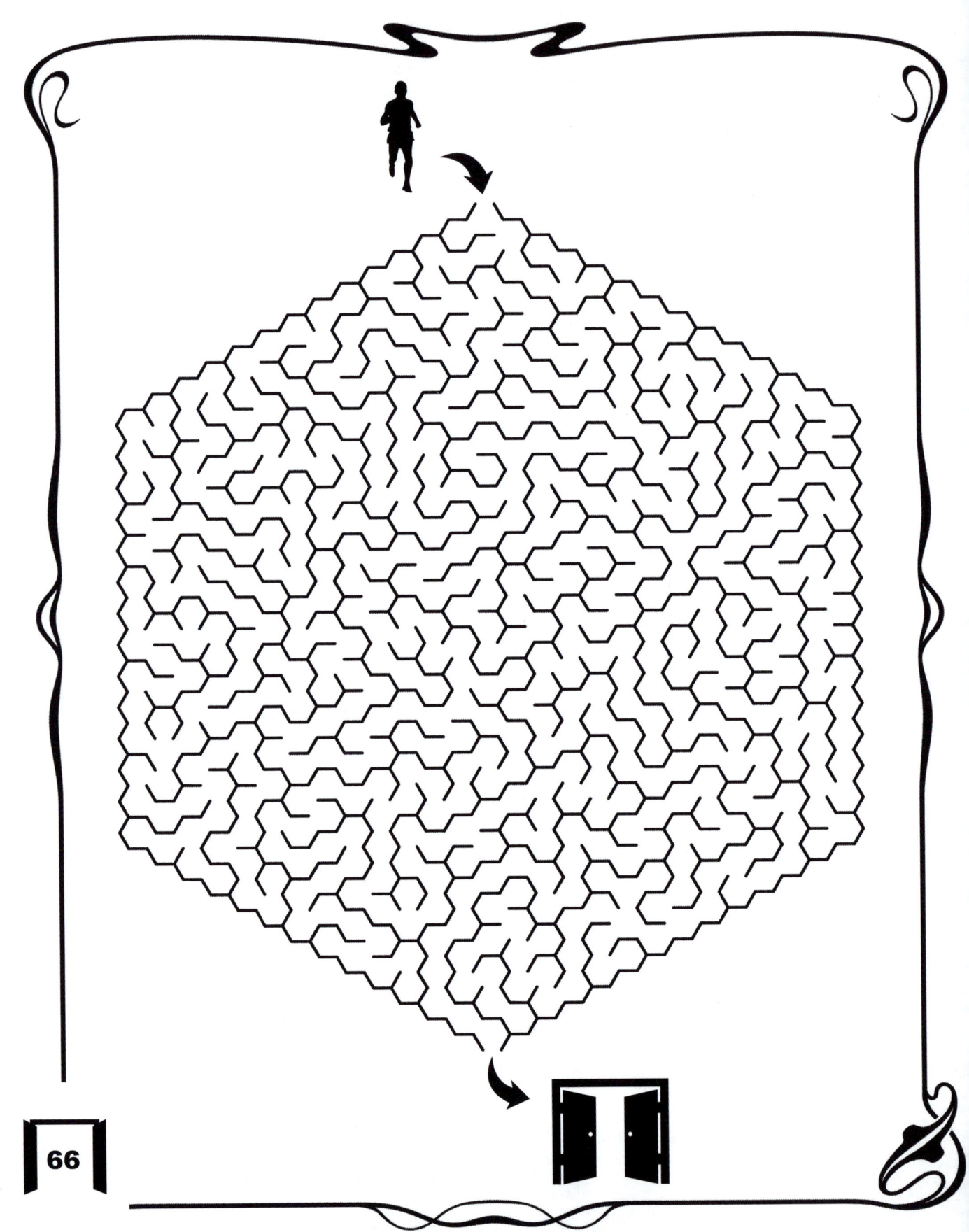

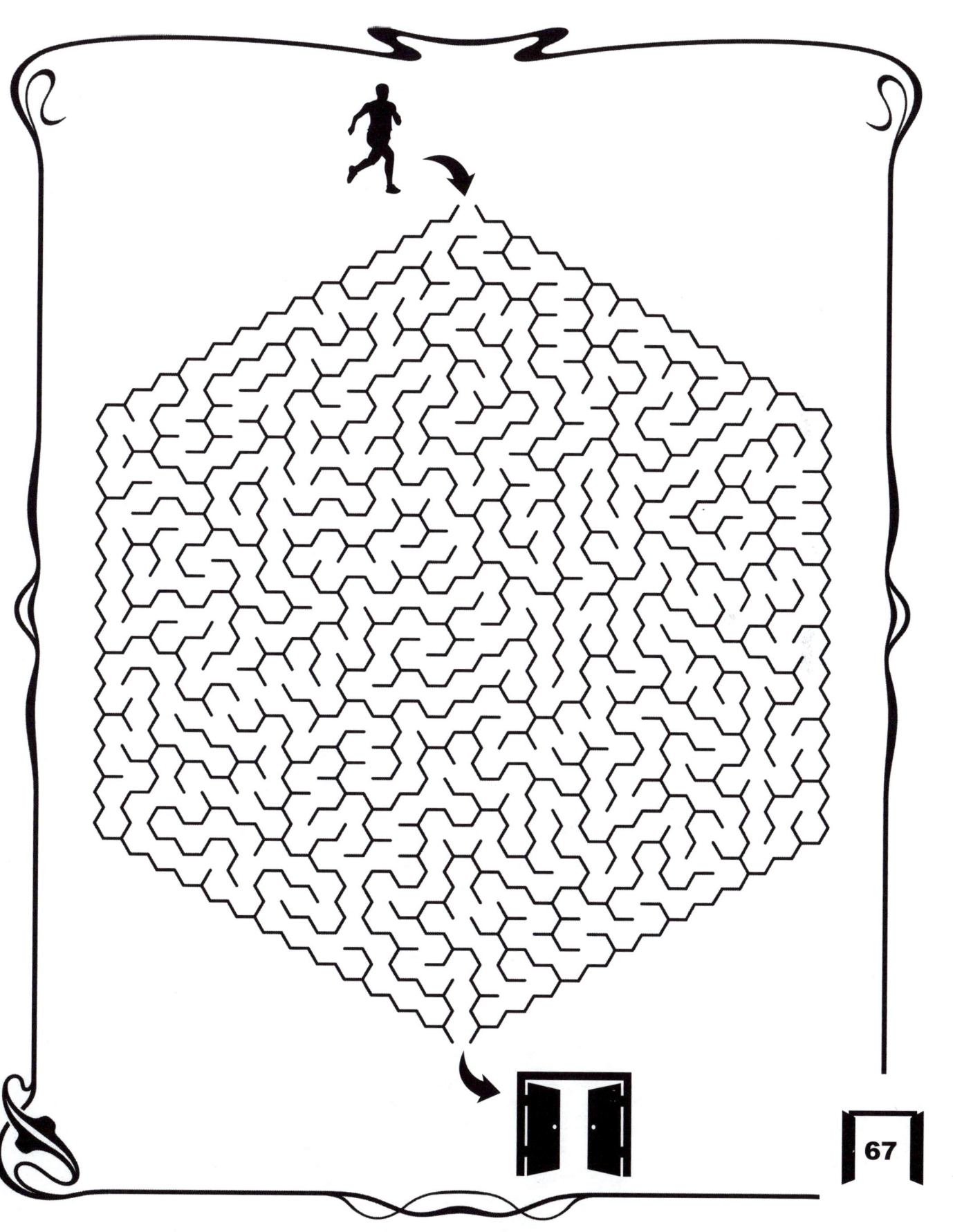

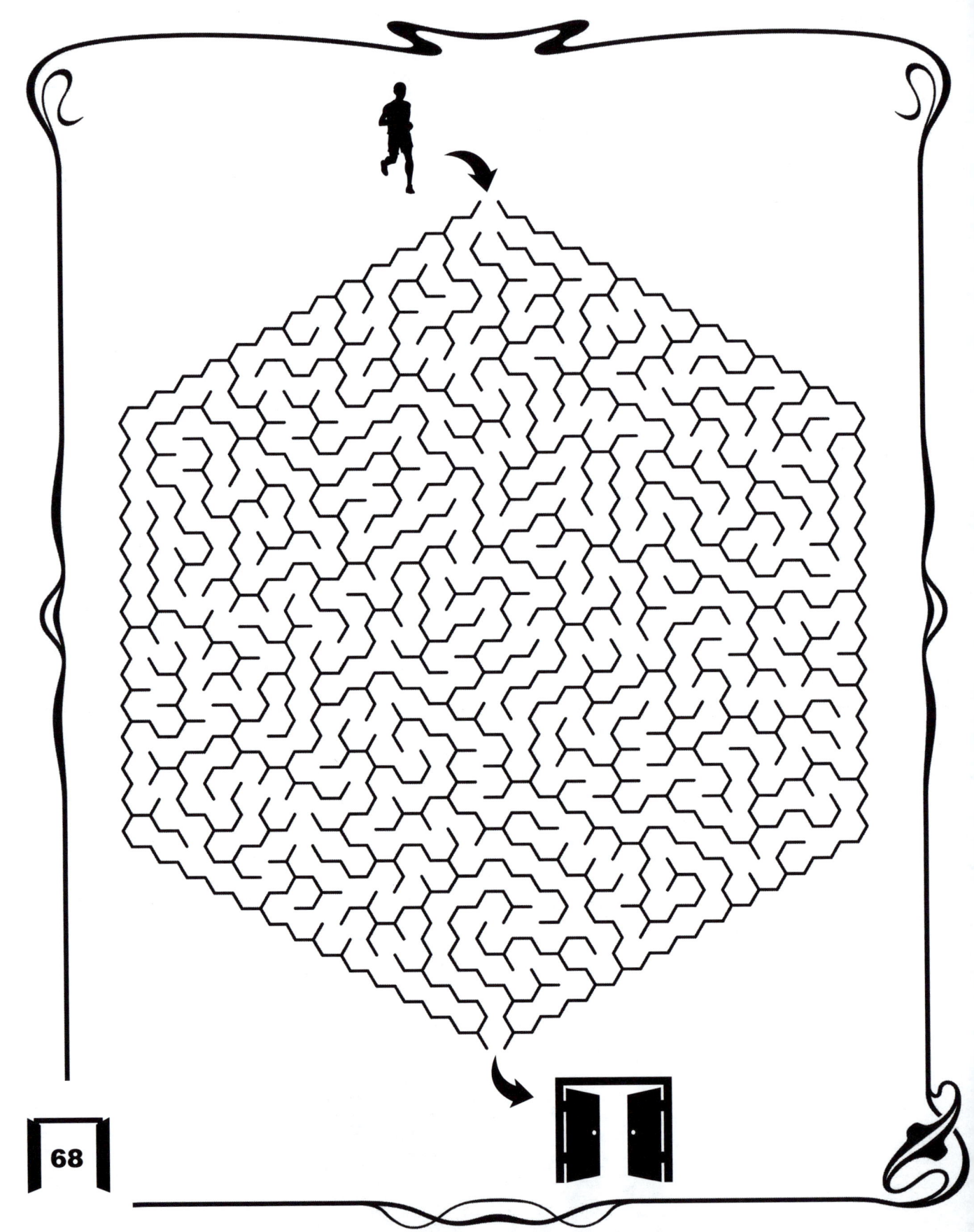

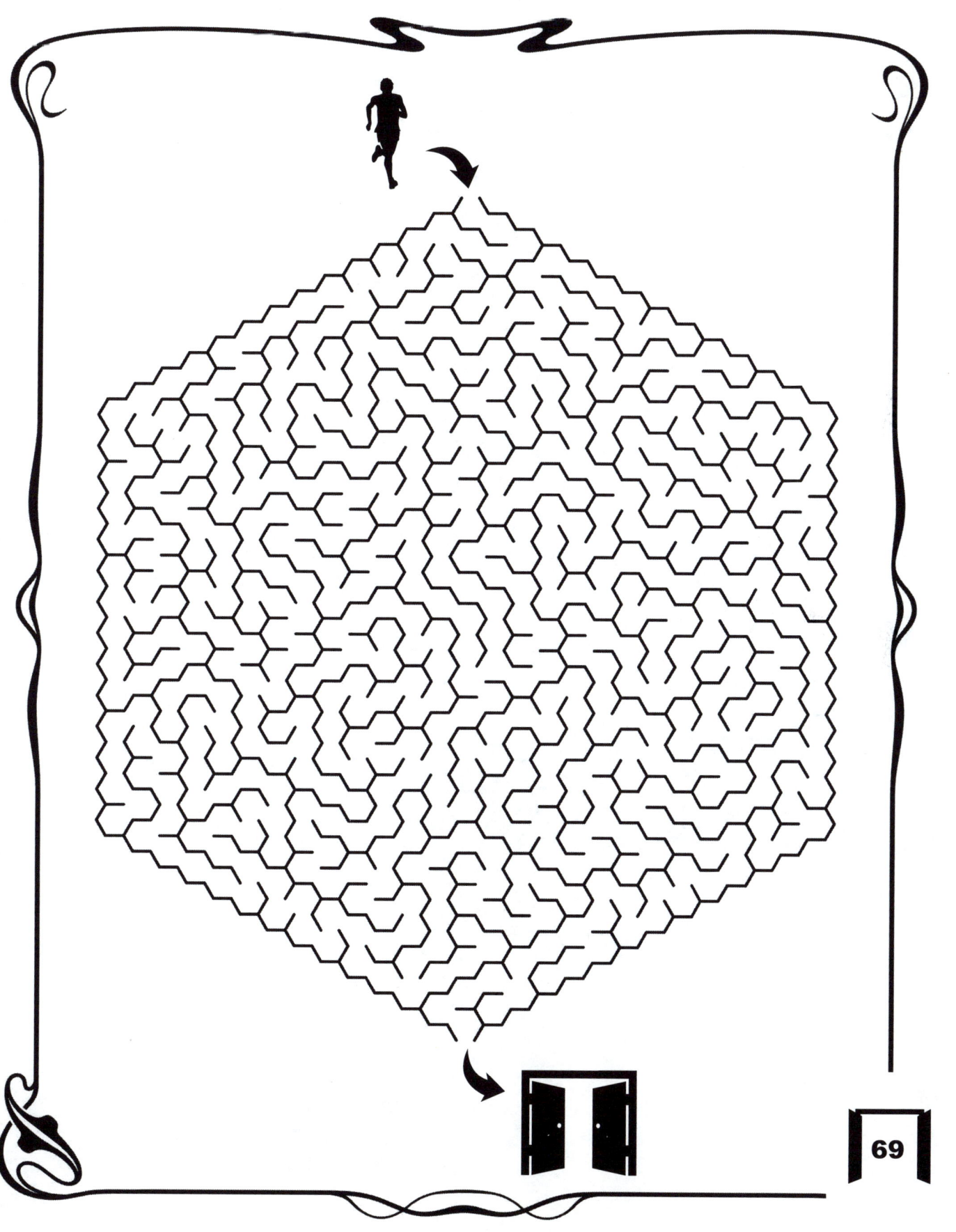

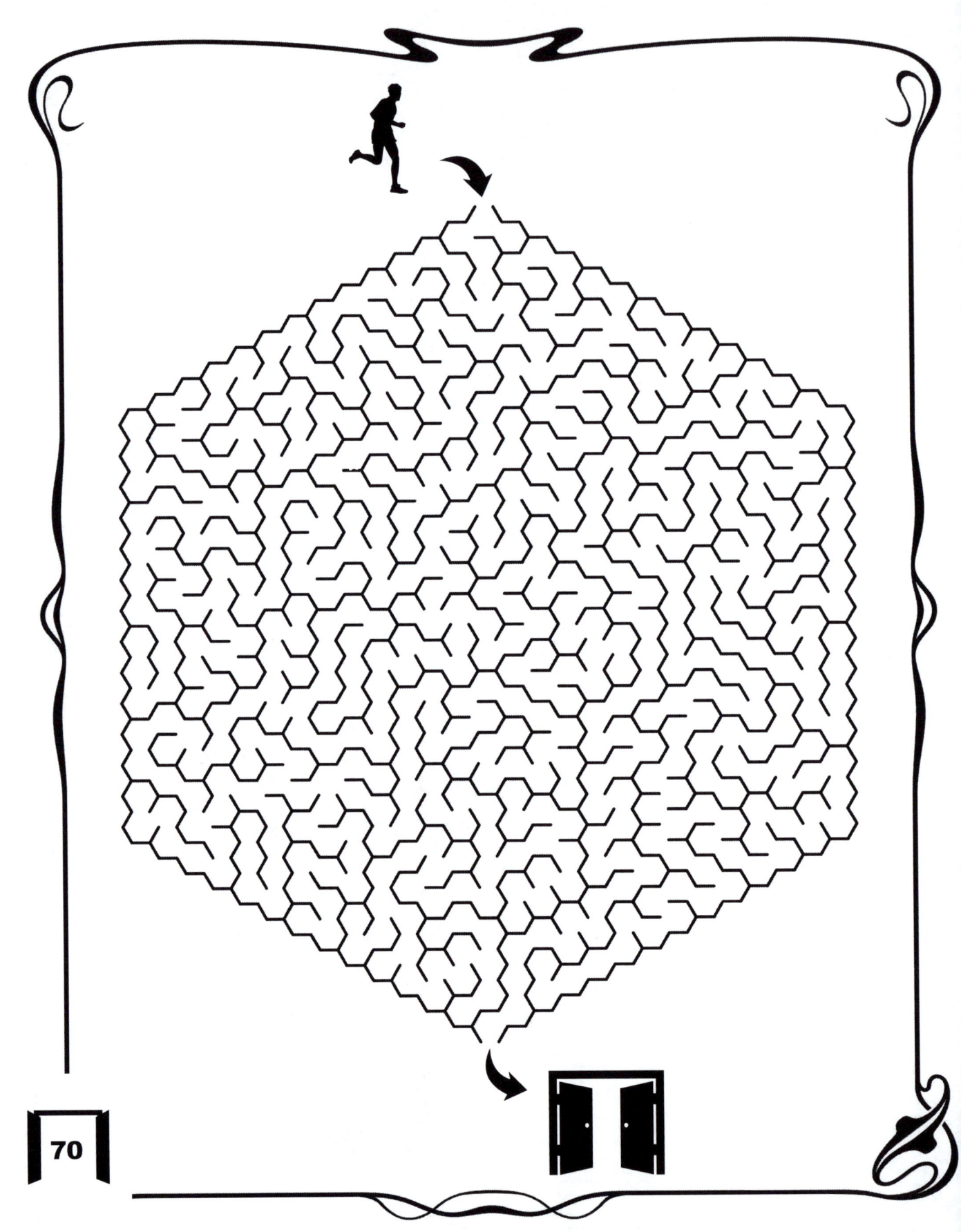

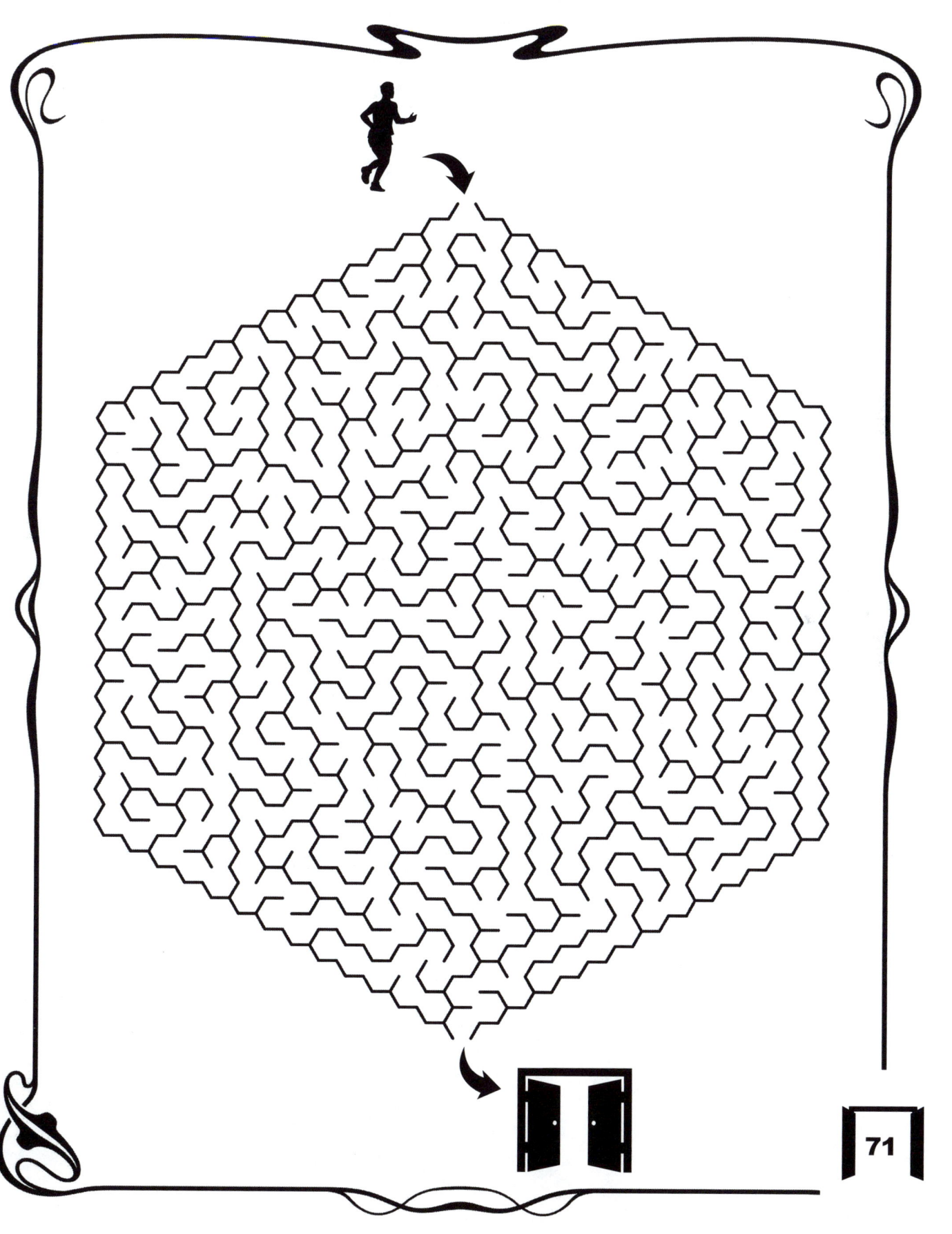

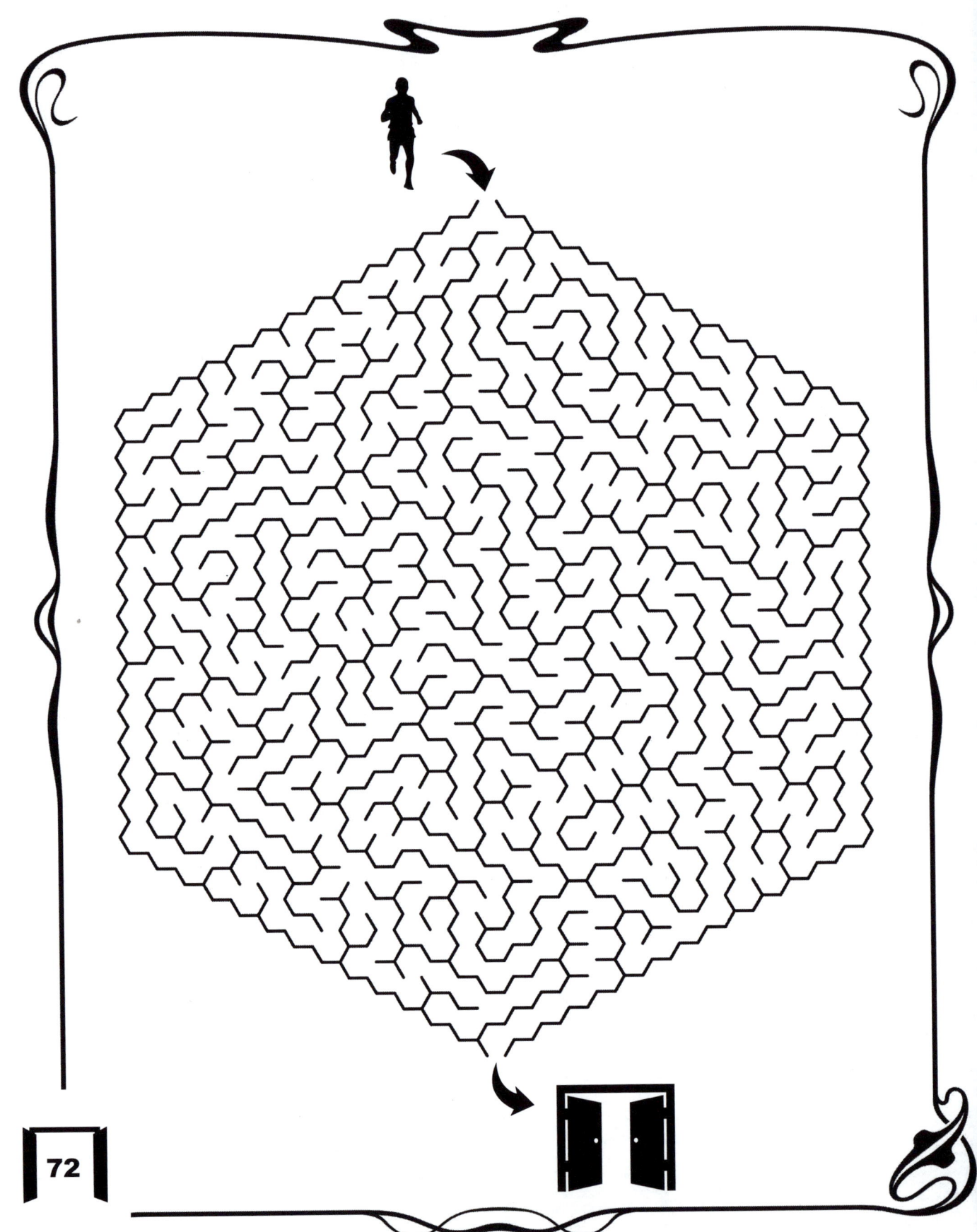

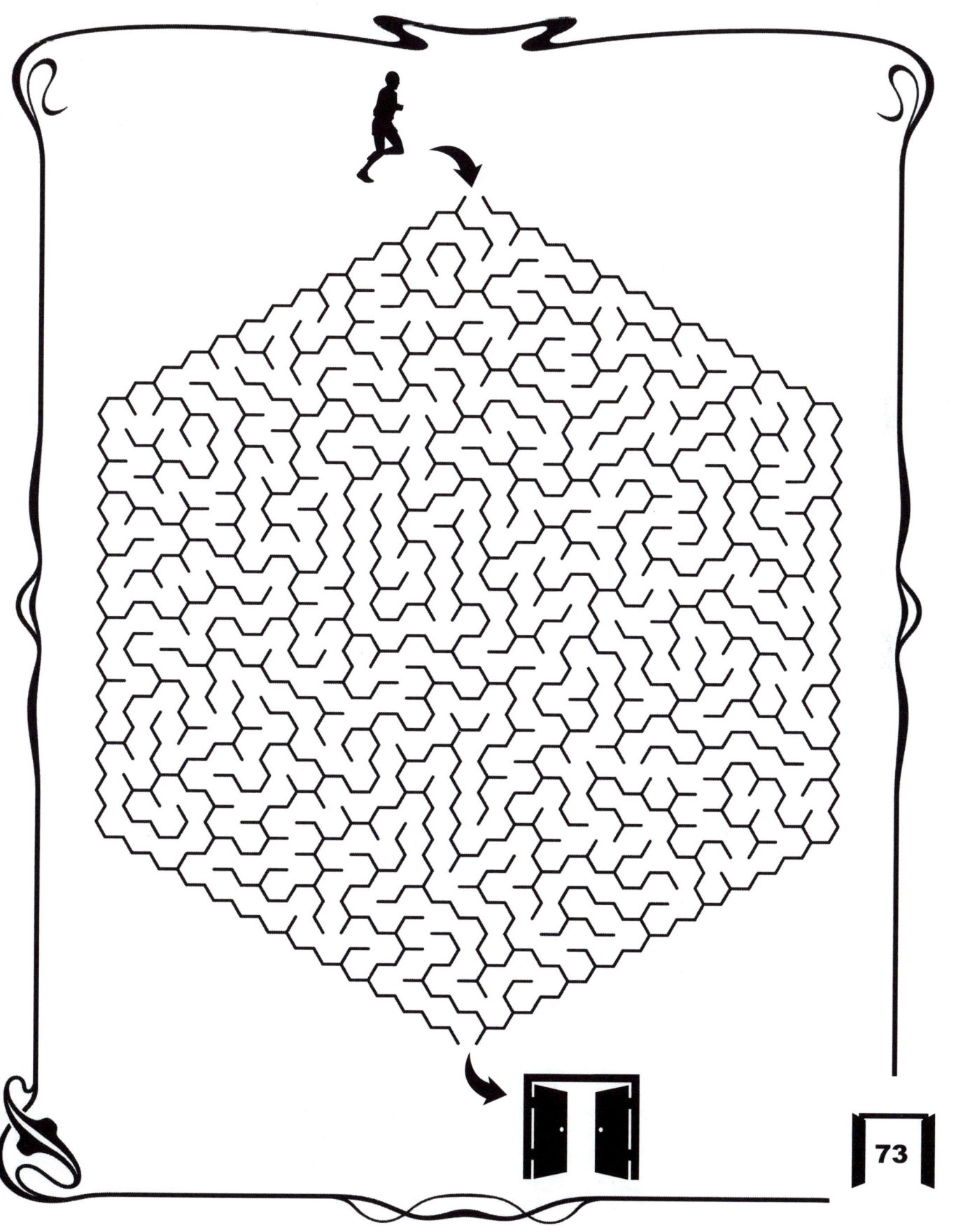

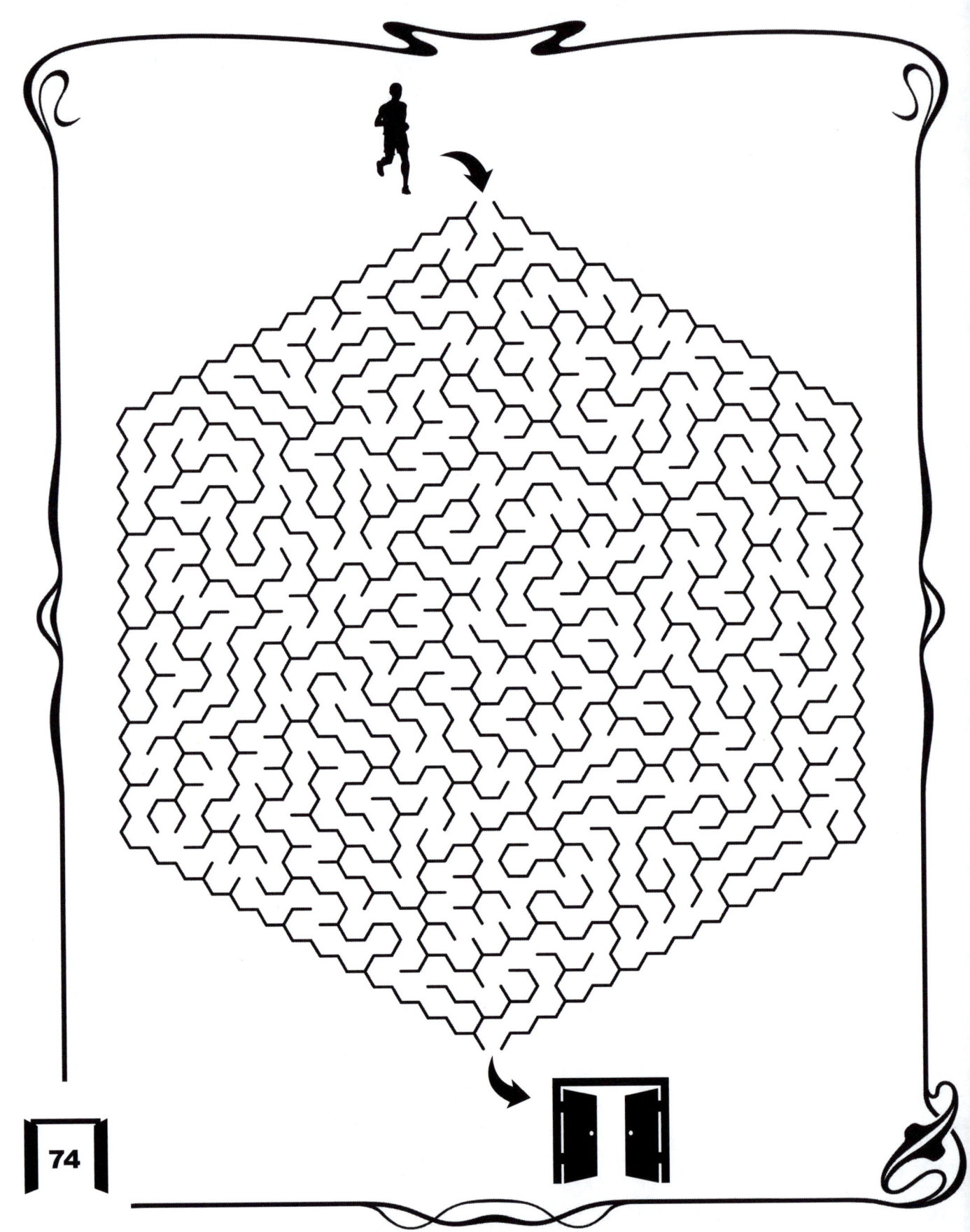

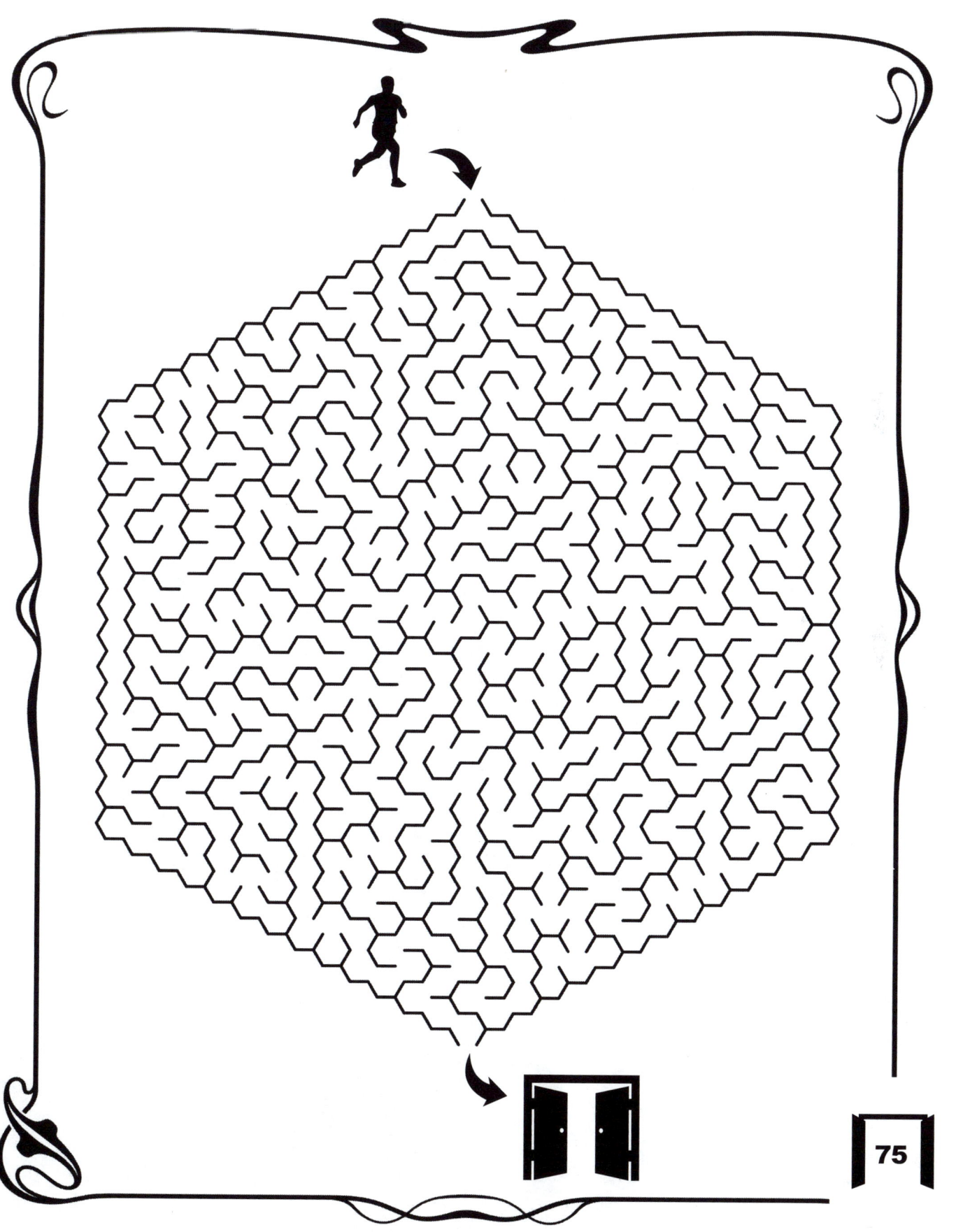

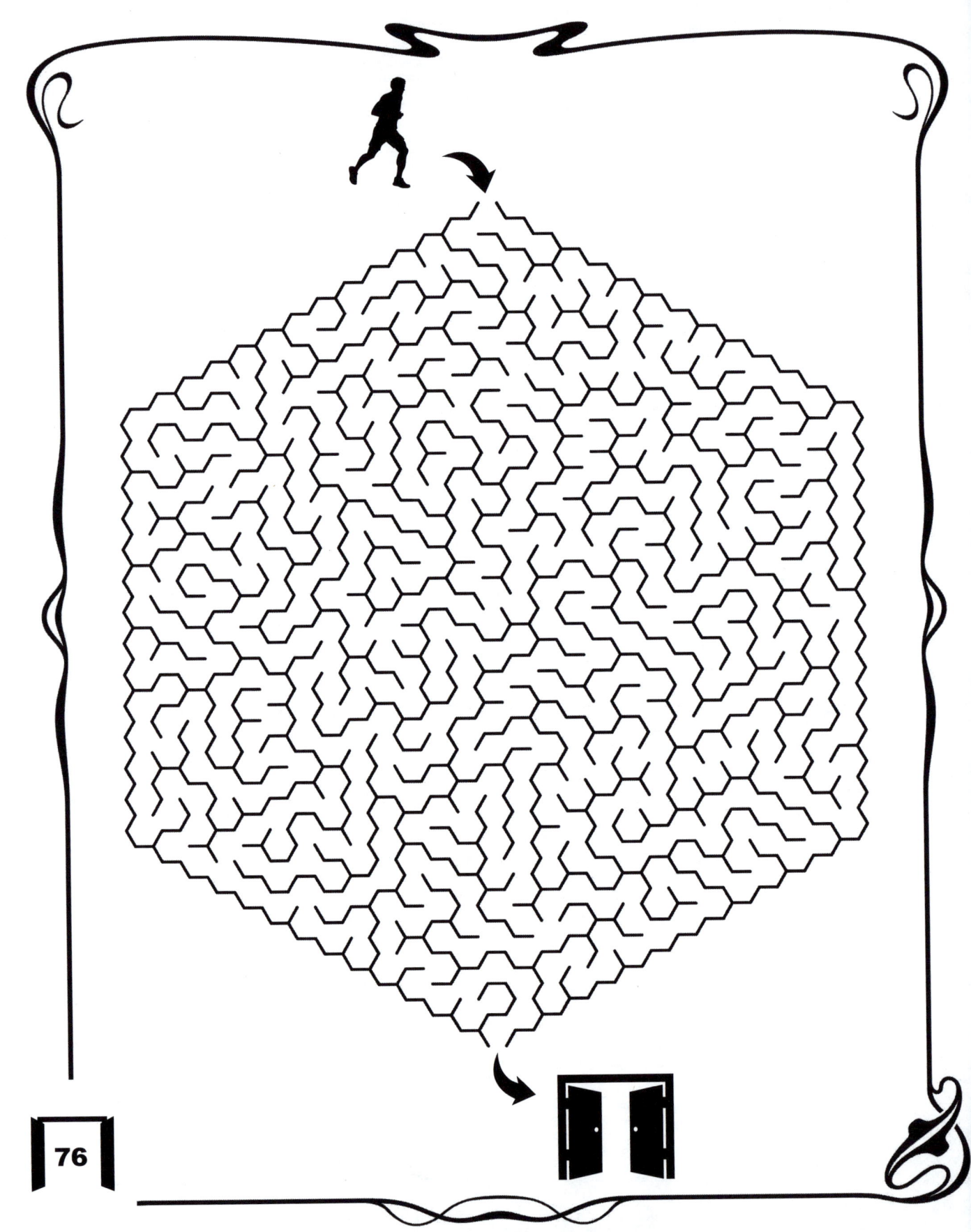

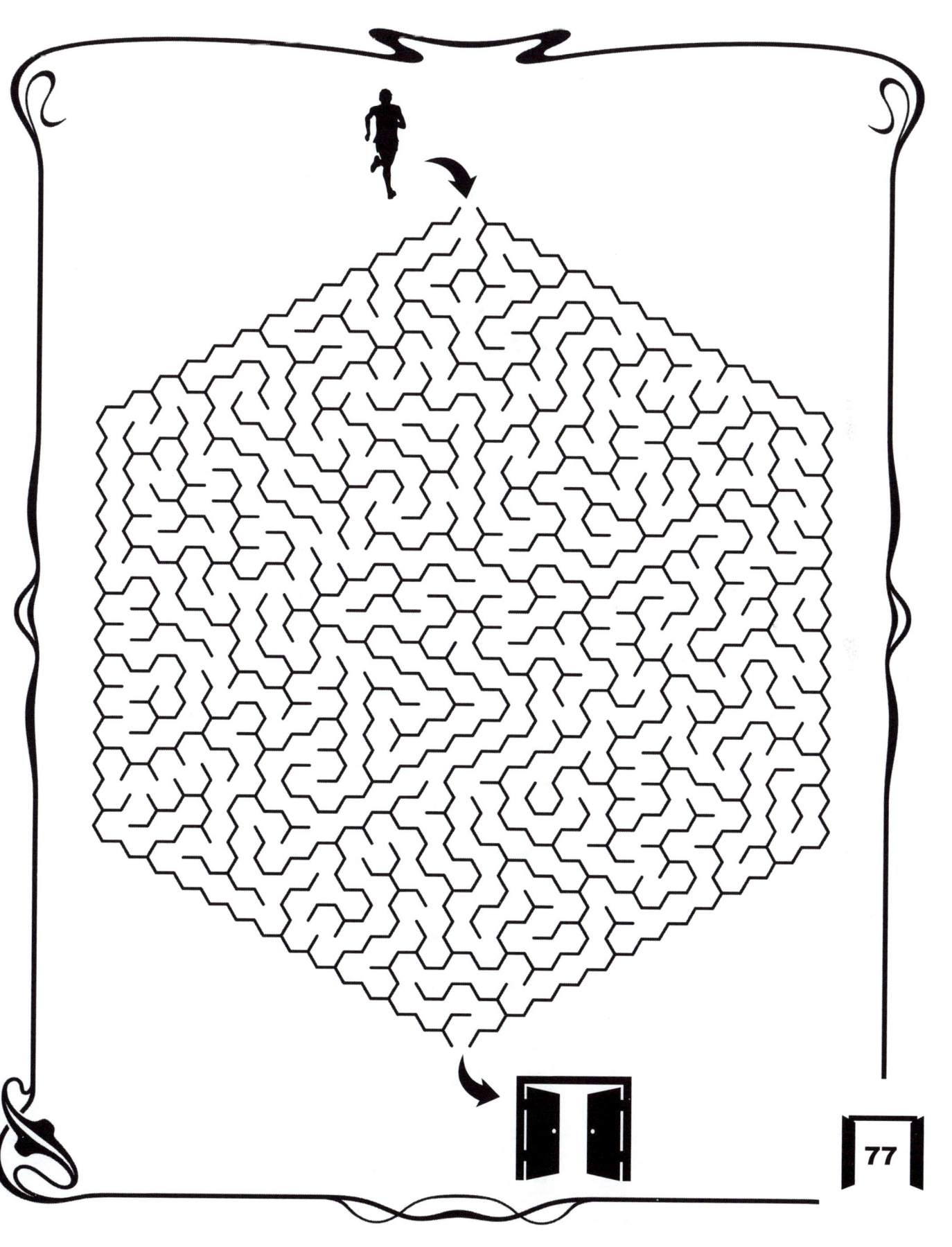

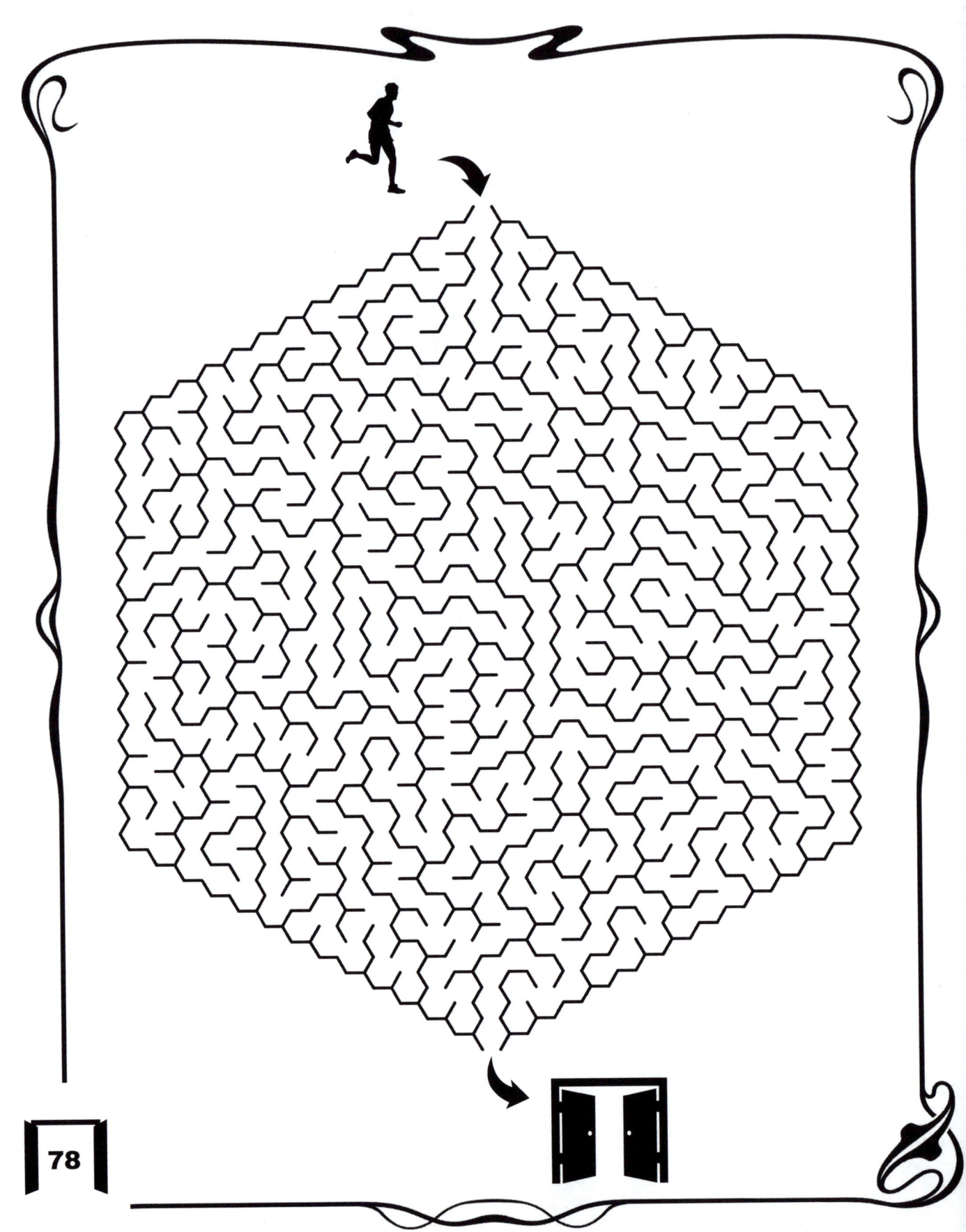

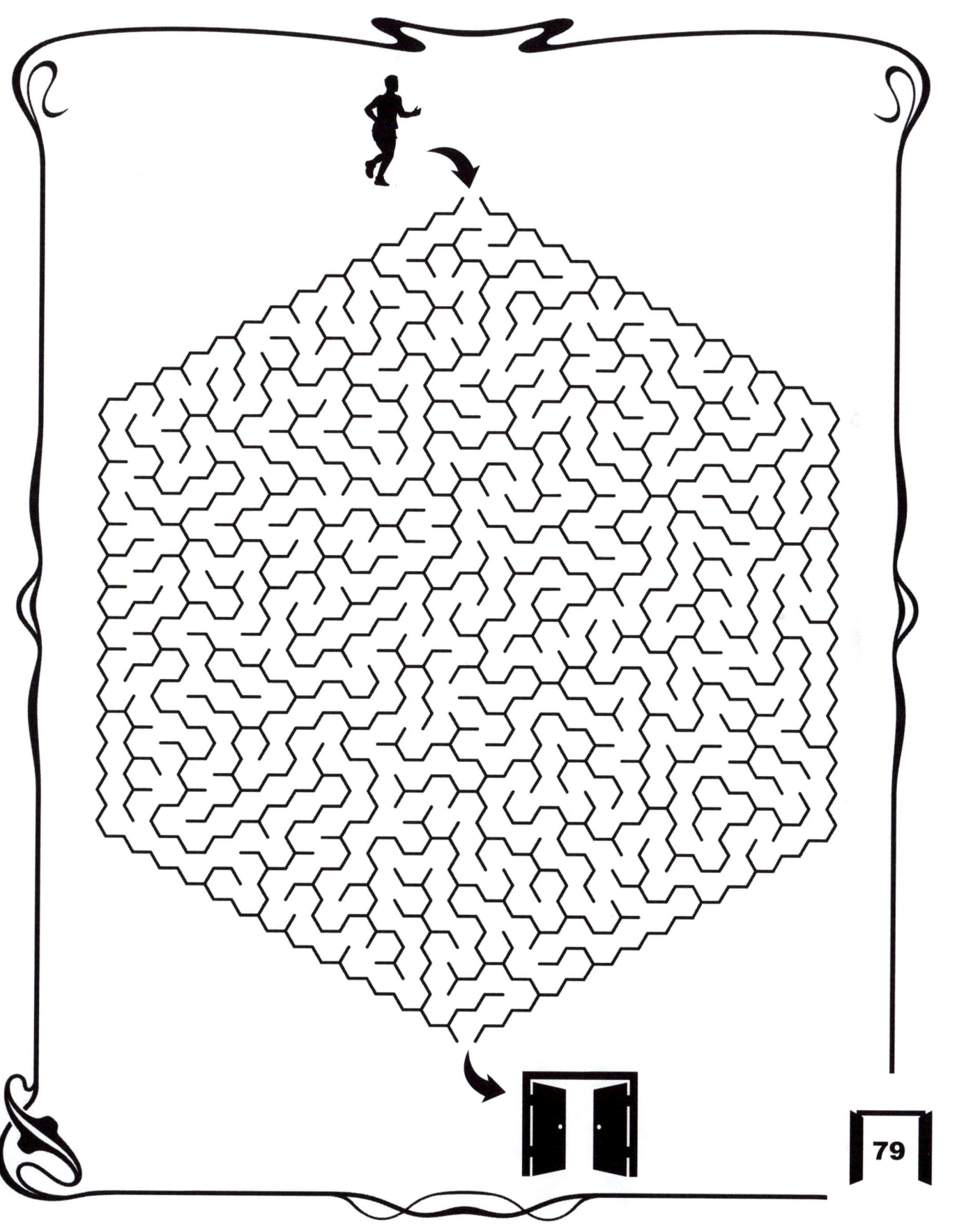

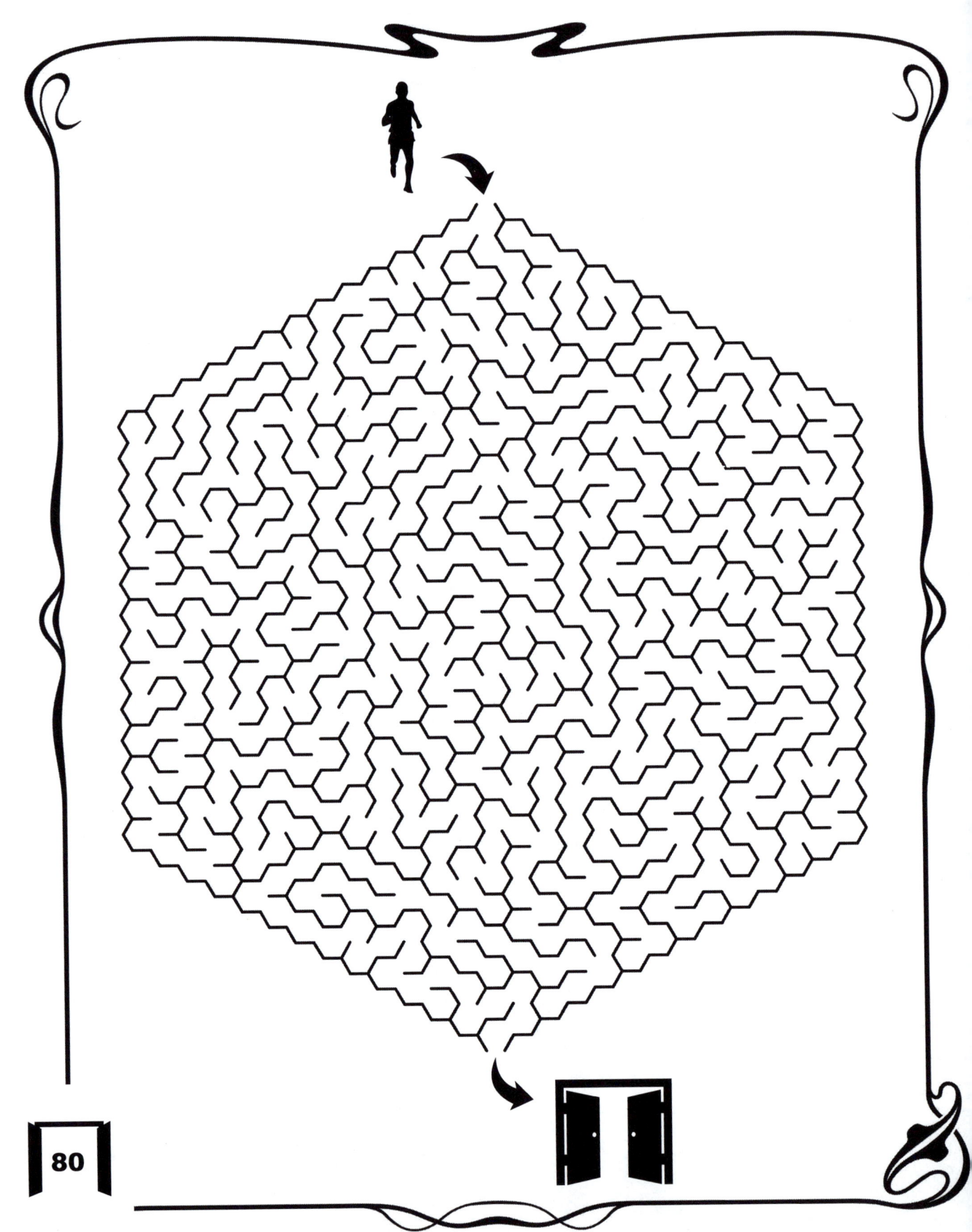

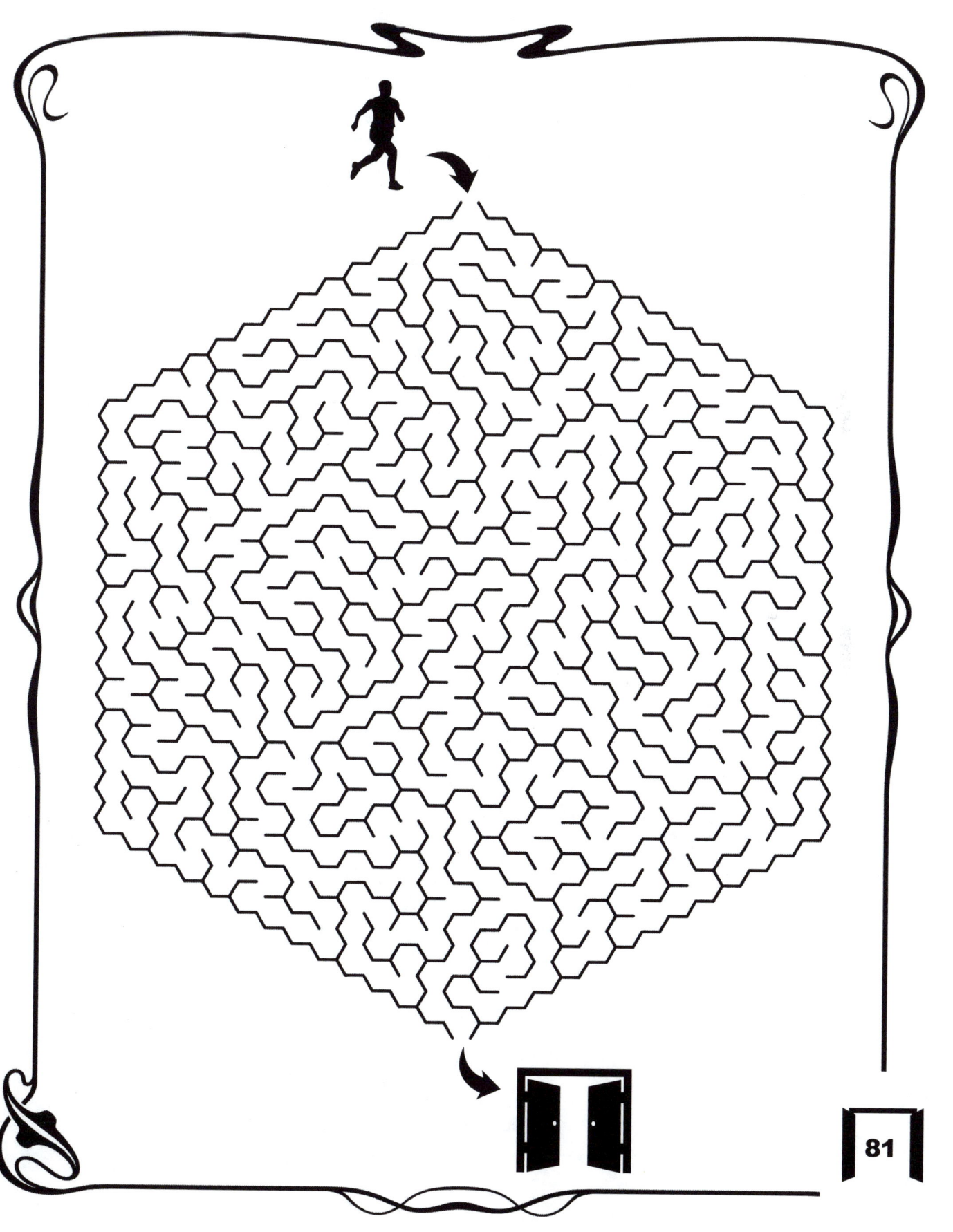

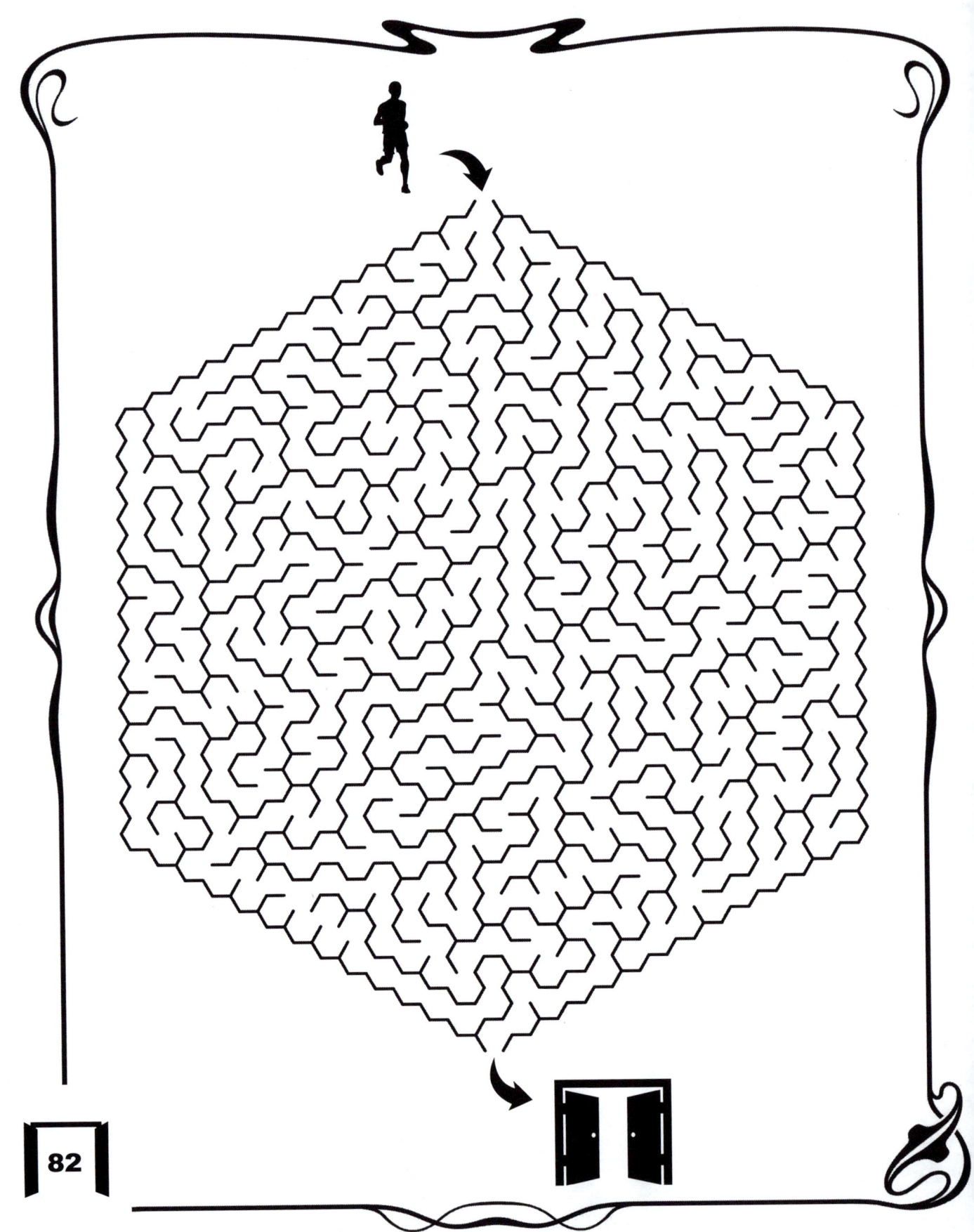

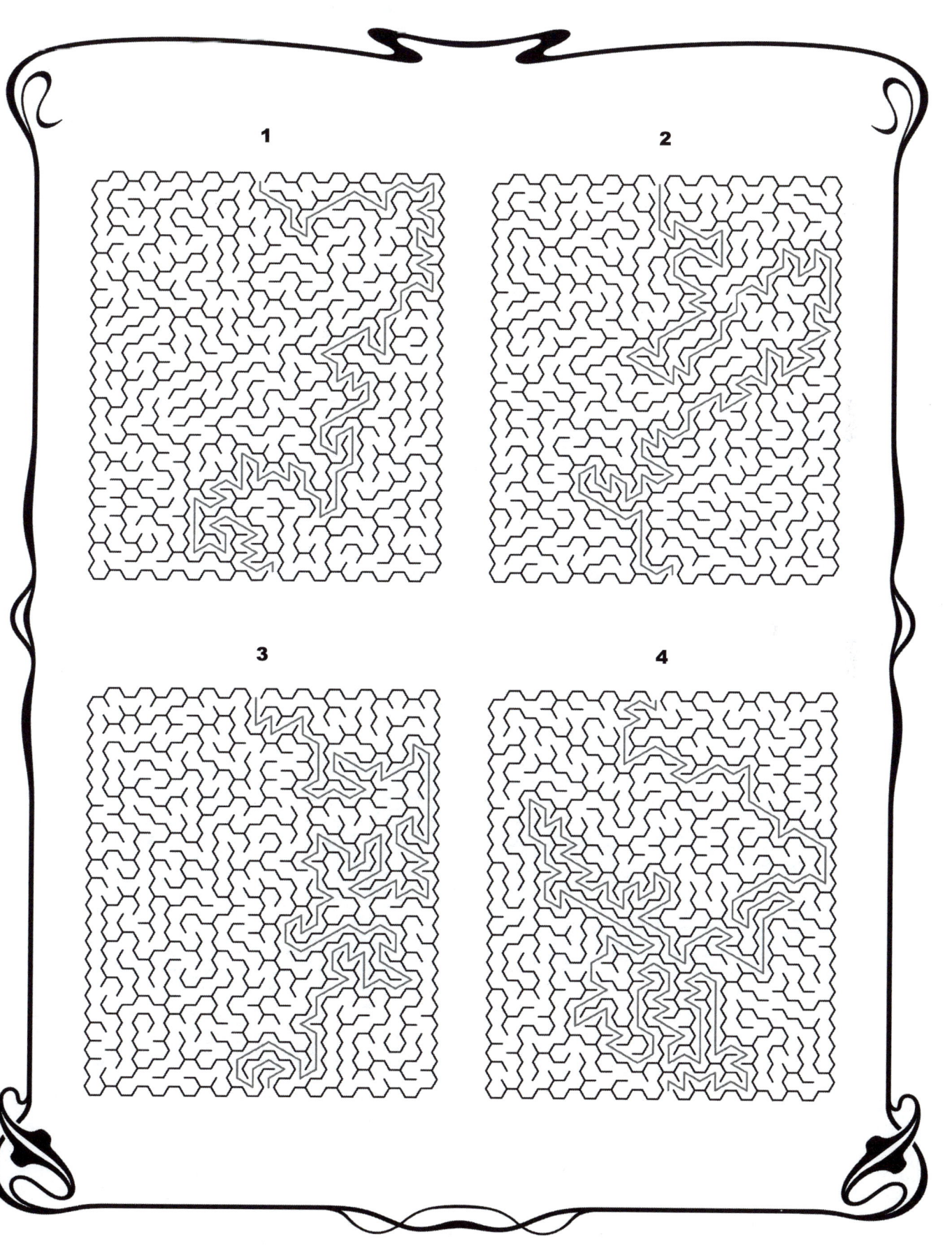

5

6

7

8

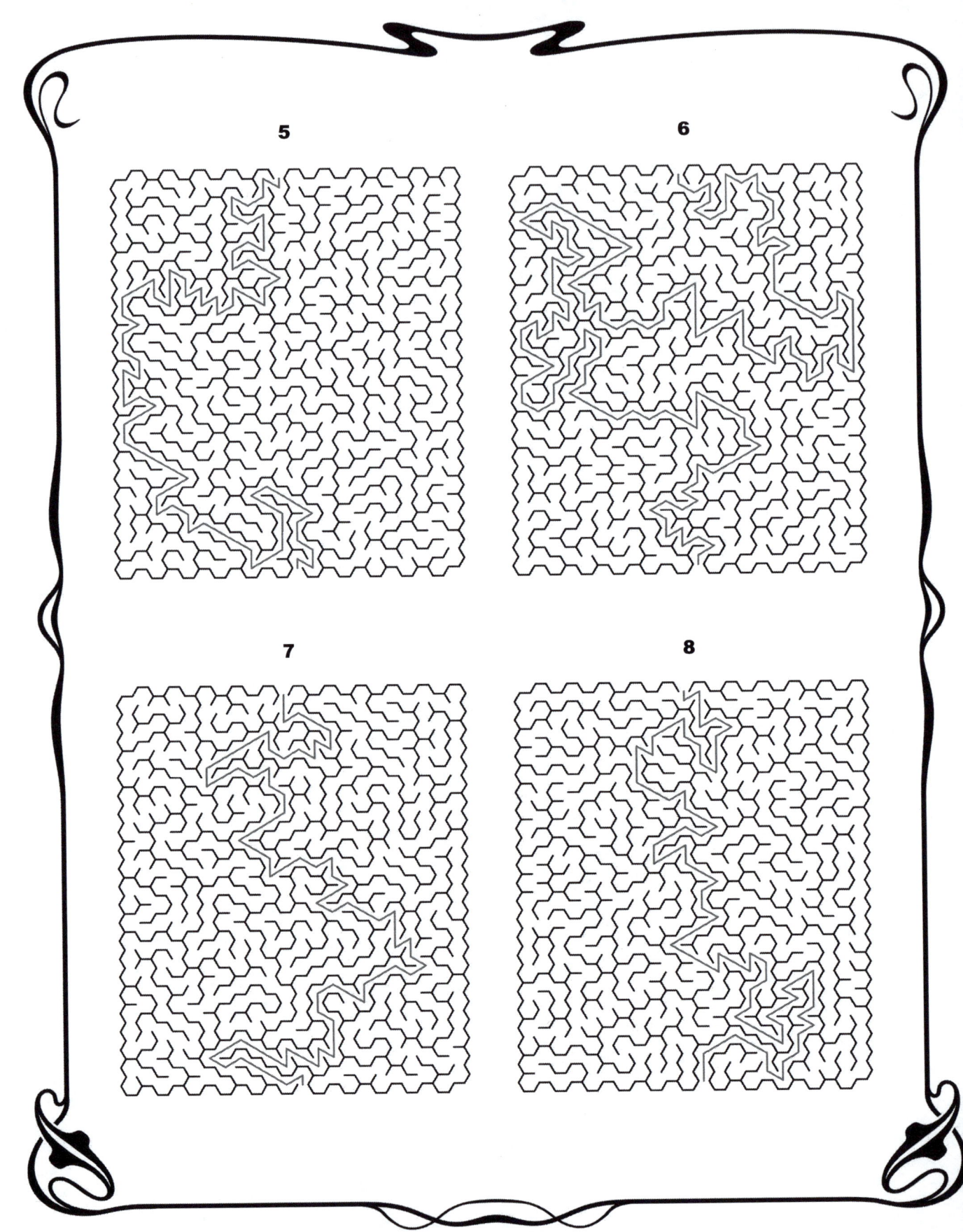

9

10

11

12

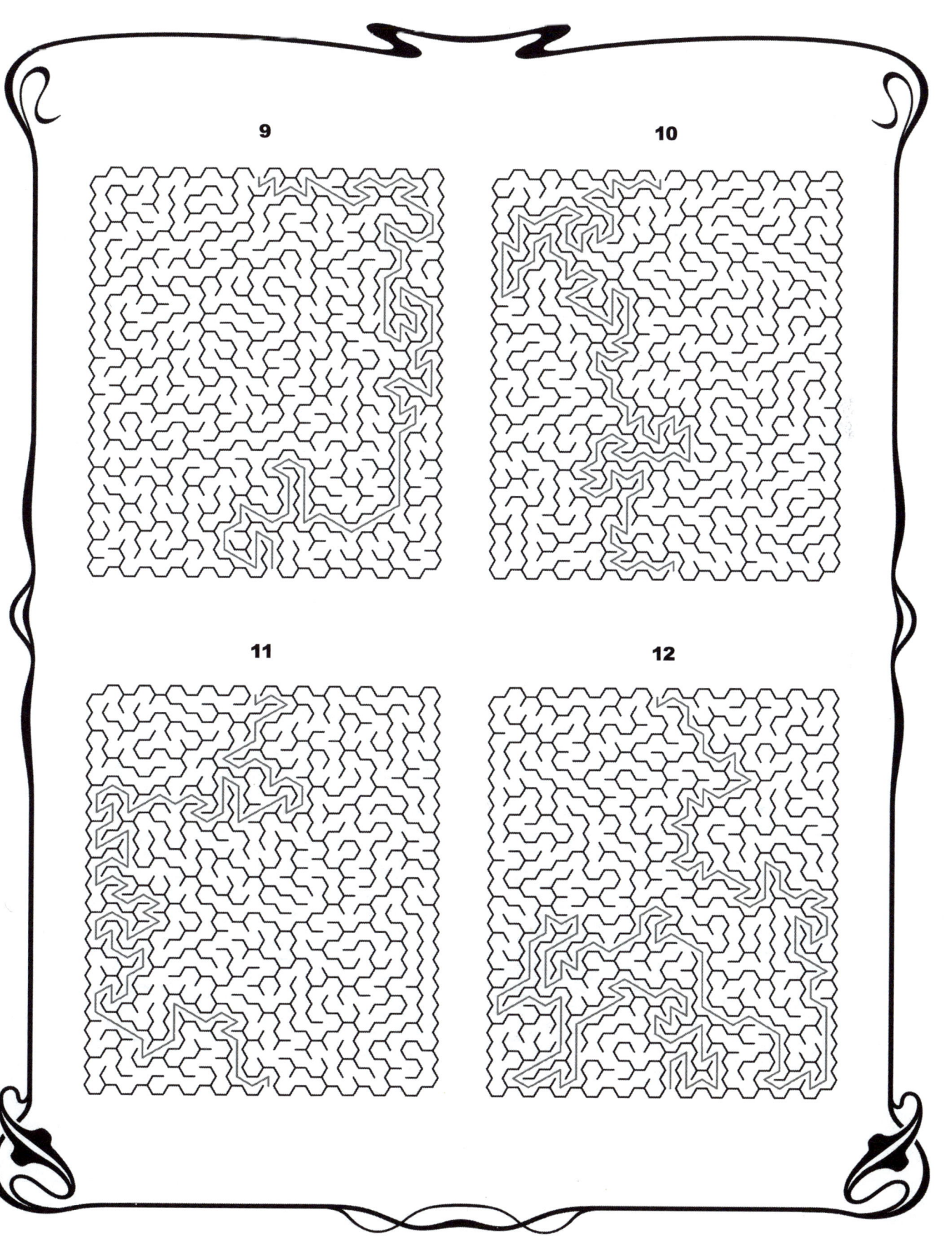

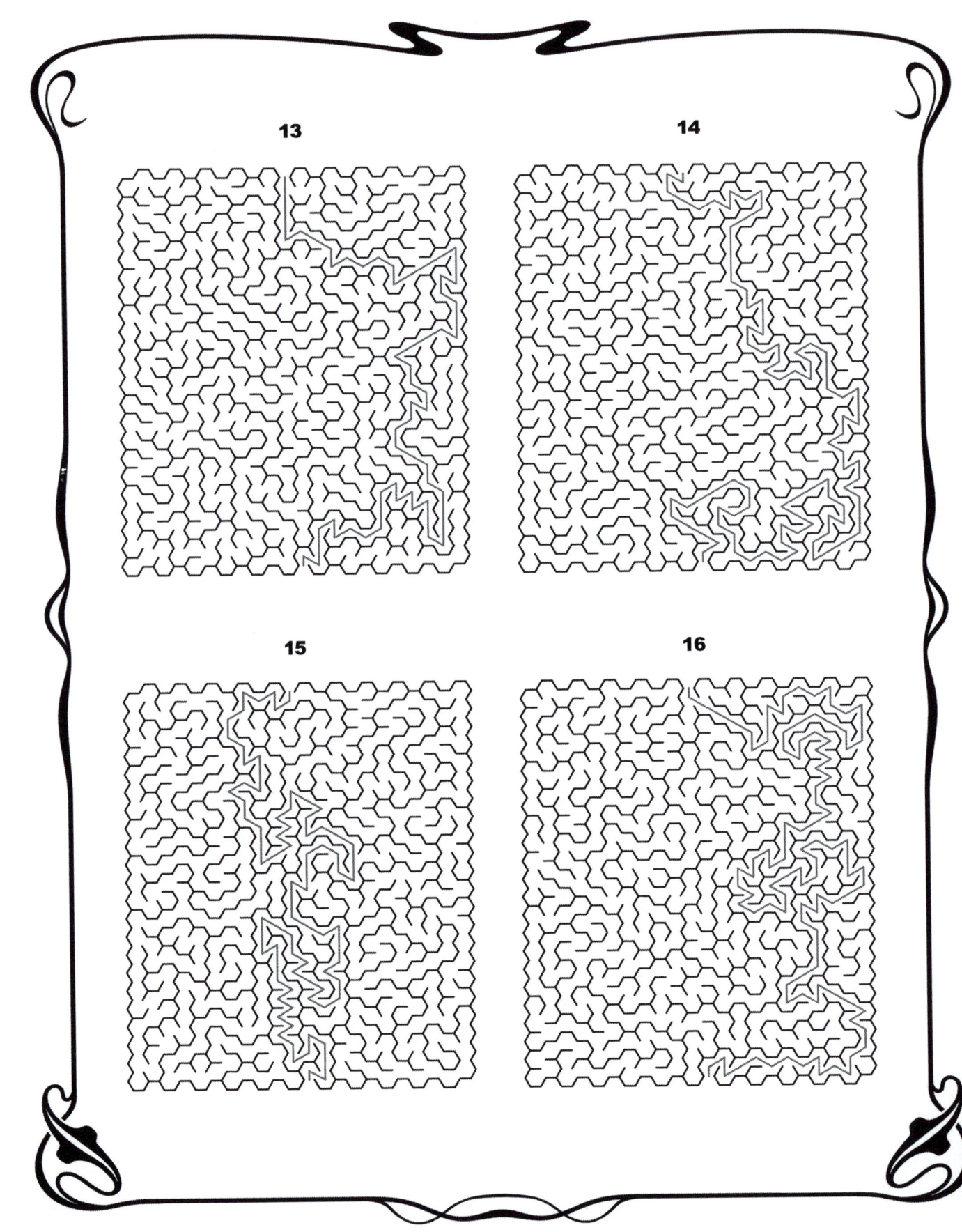

17

18

19

20

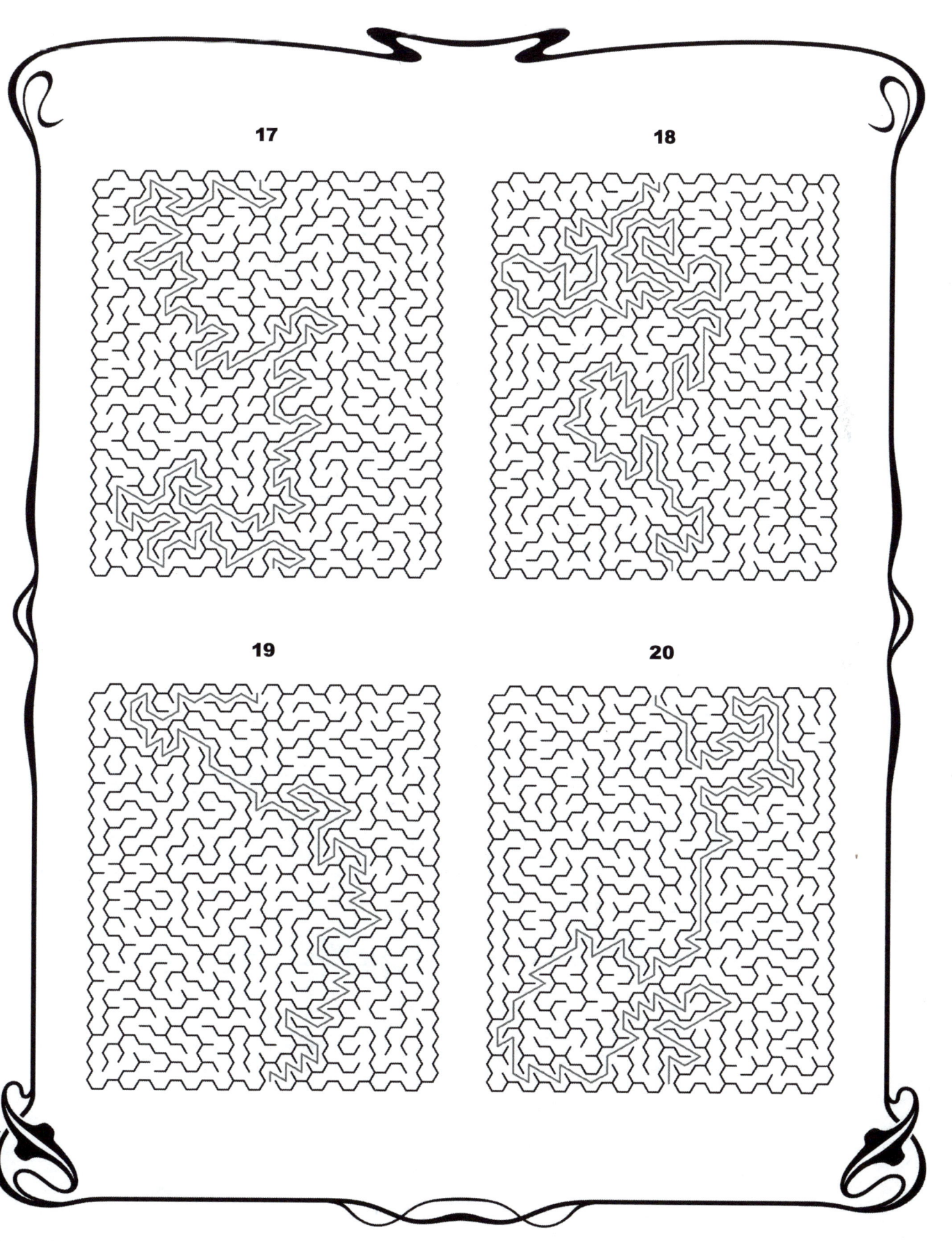

21

22

23

24

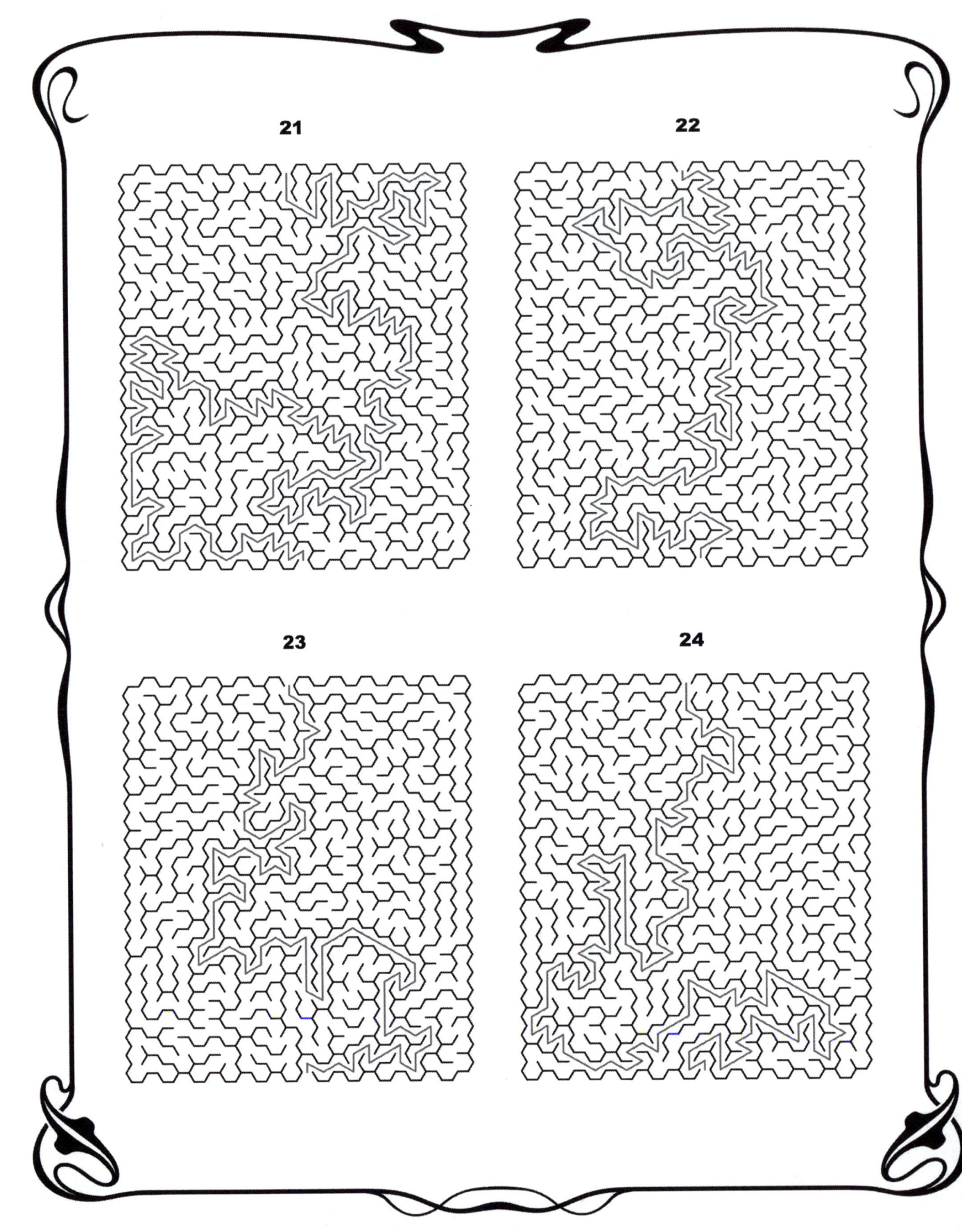

25

26

27

28

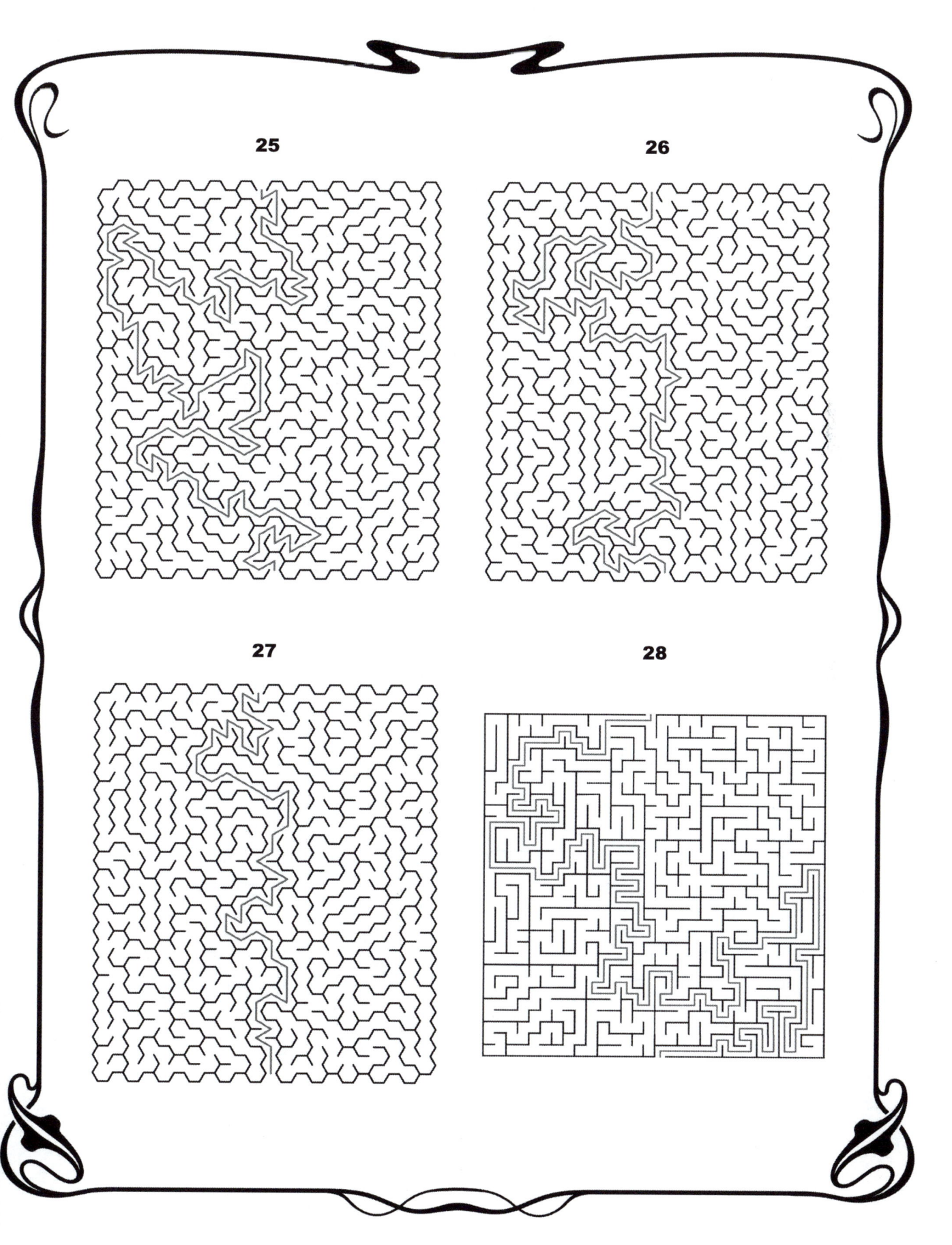

29

30

31

32

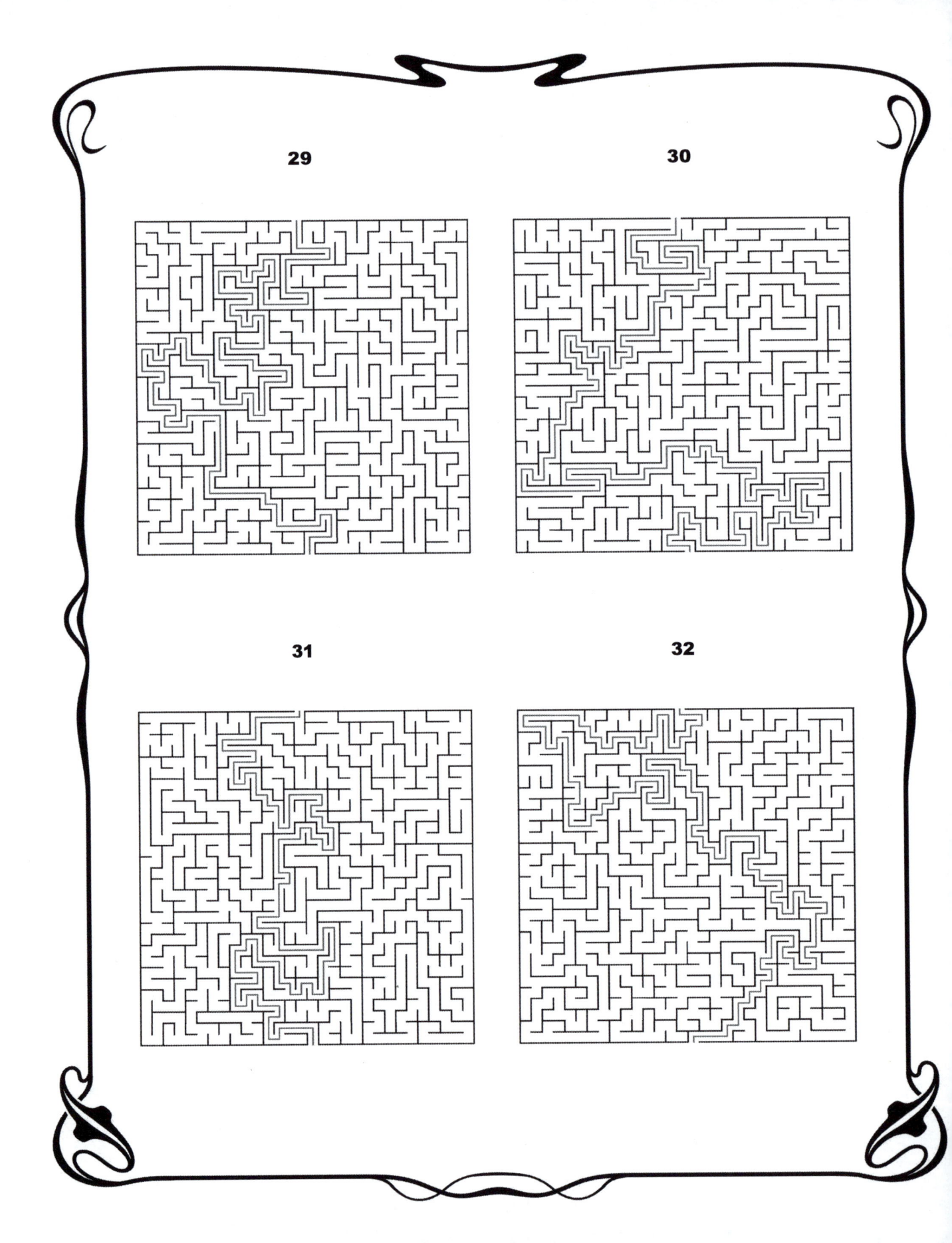

33

34

35

36

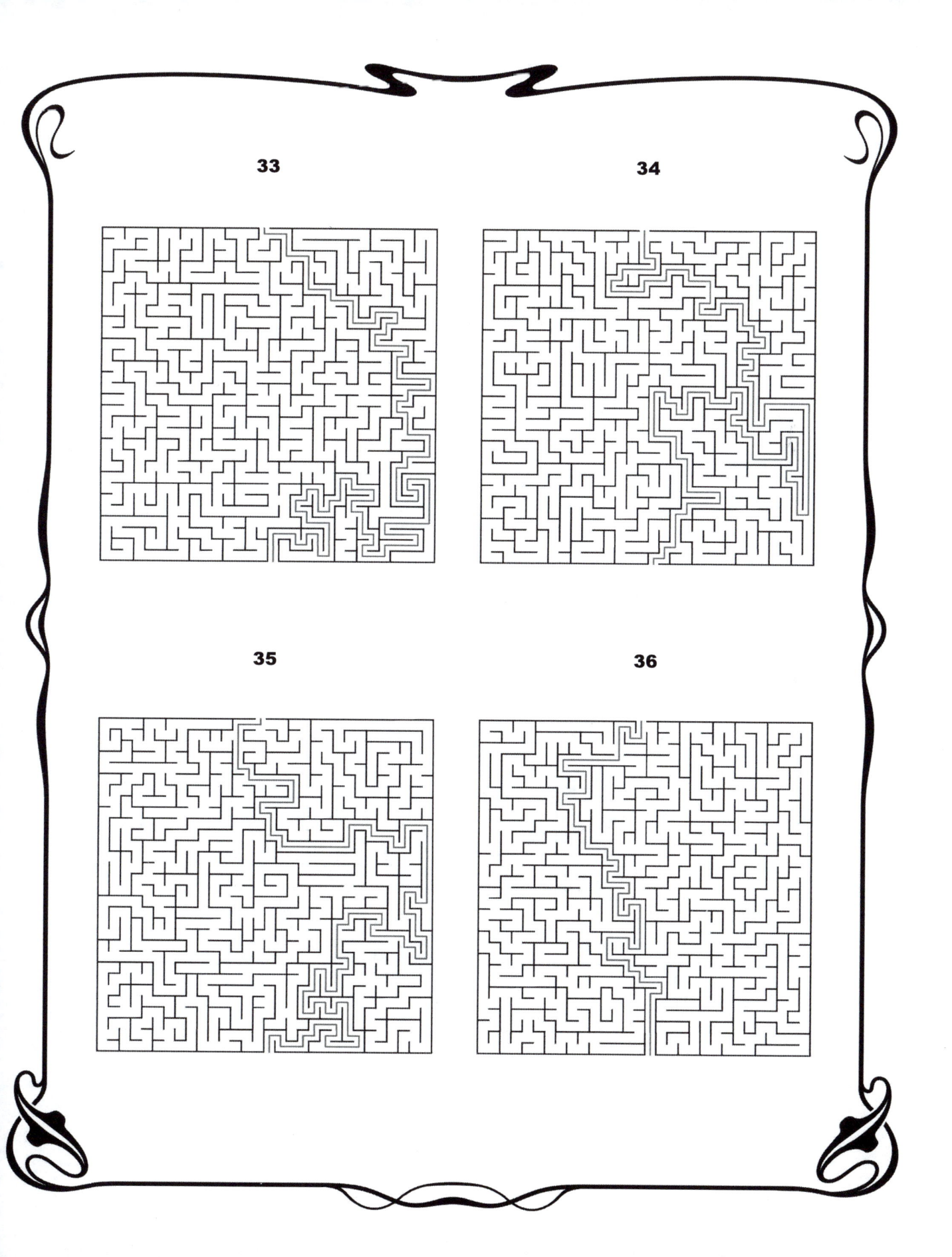

37

38

39

40

41

42

43

44

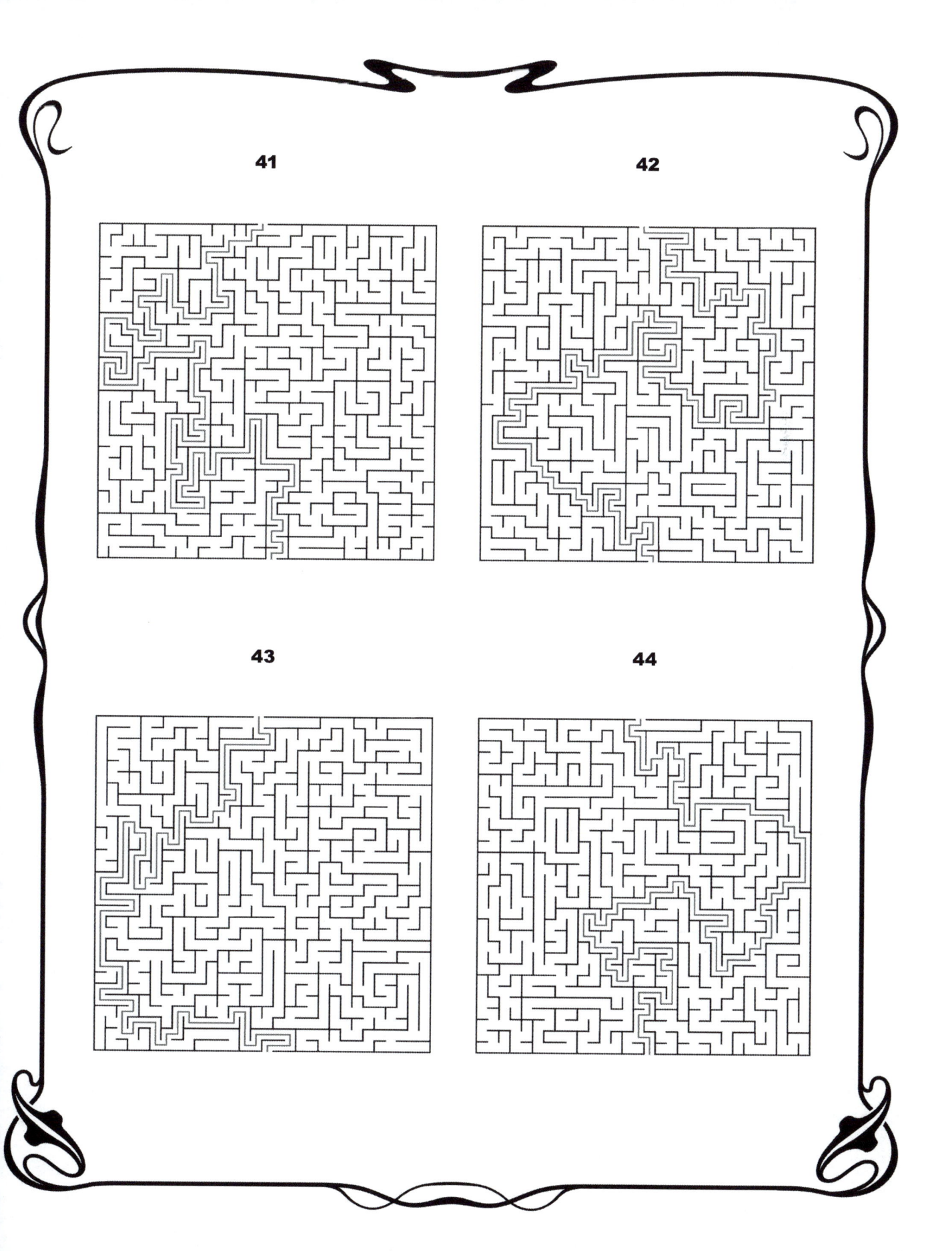

45

46

47

48

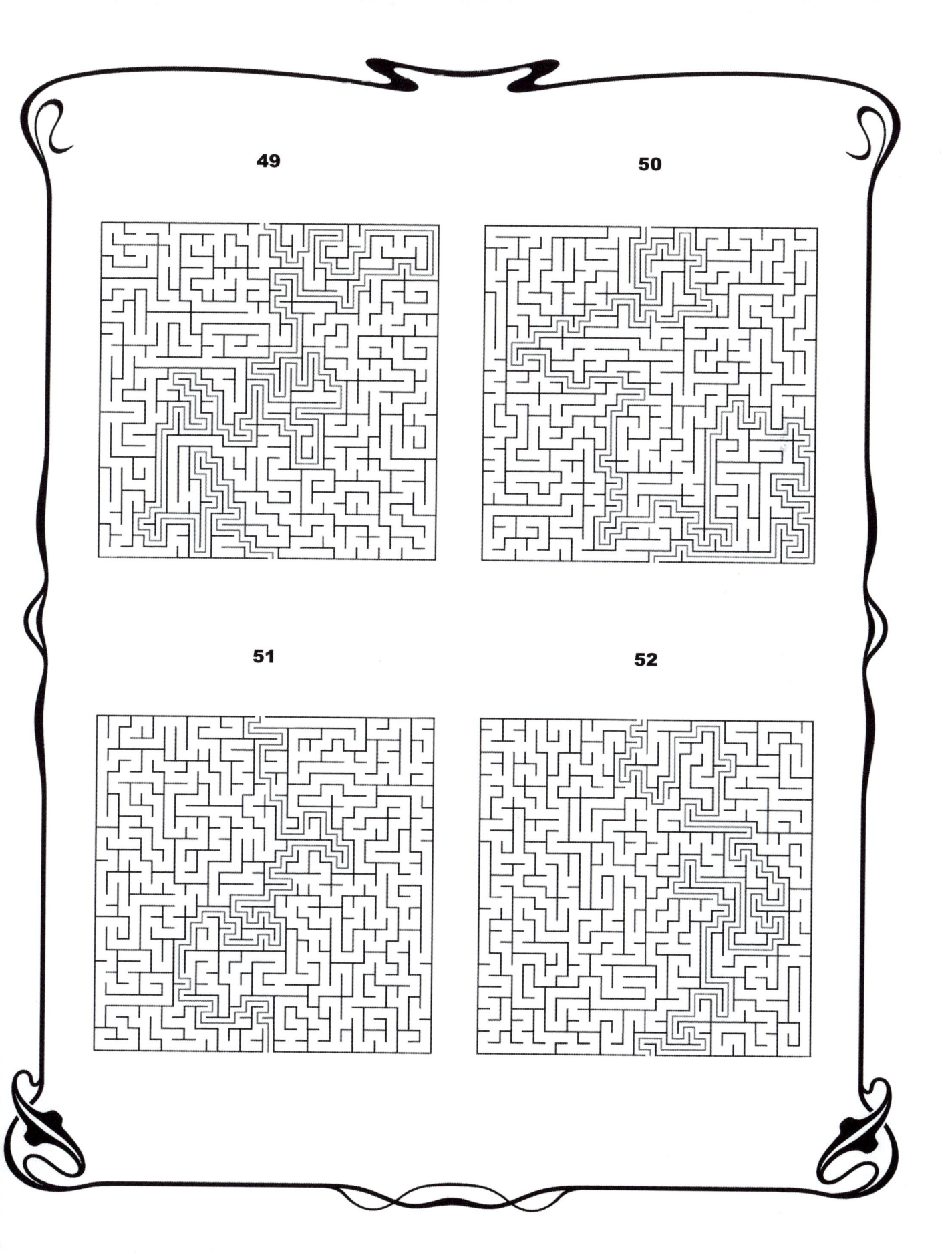

49

50

51

52

53

54

55

56

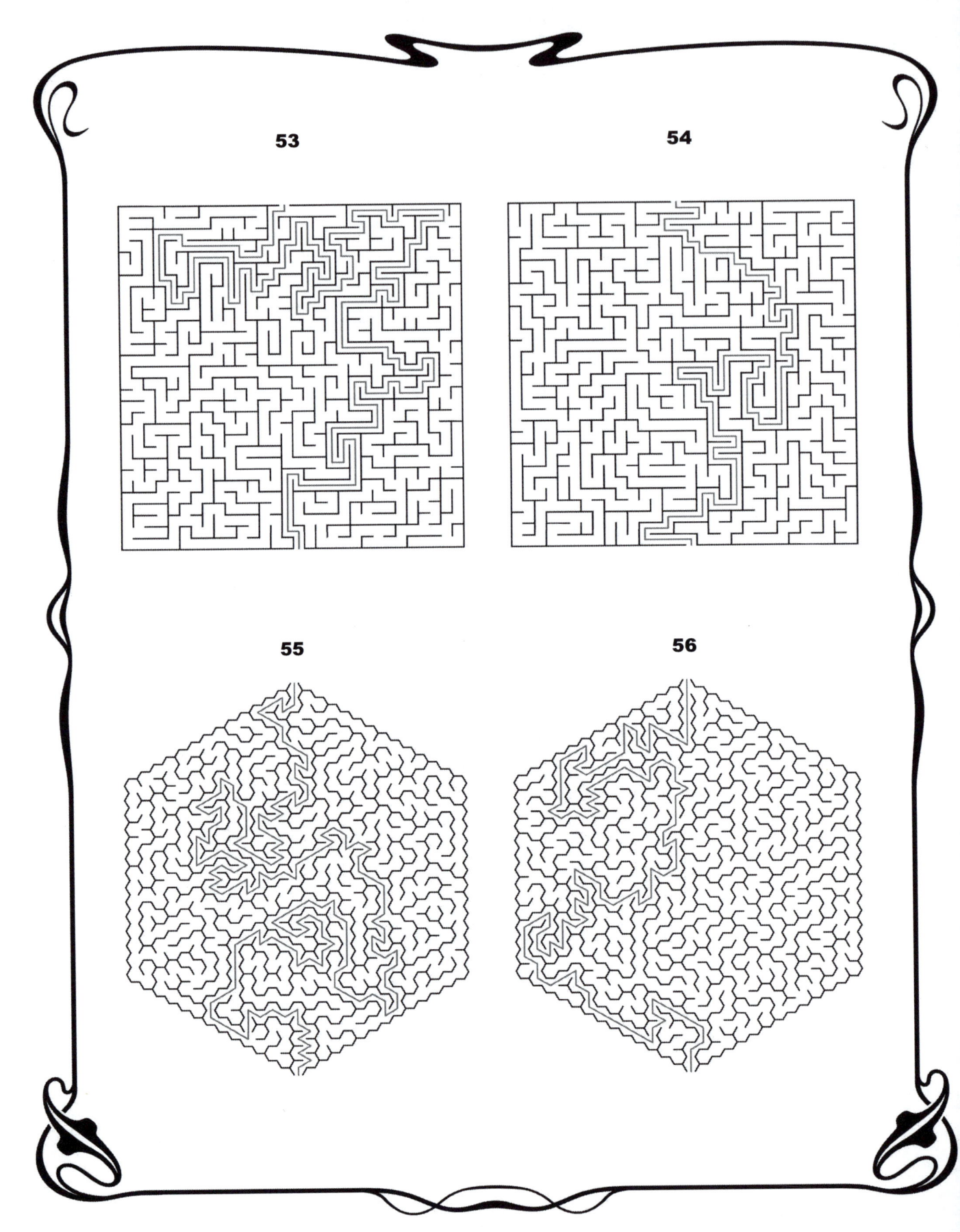

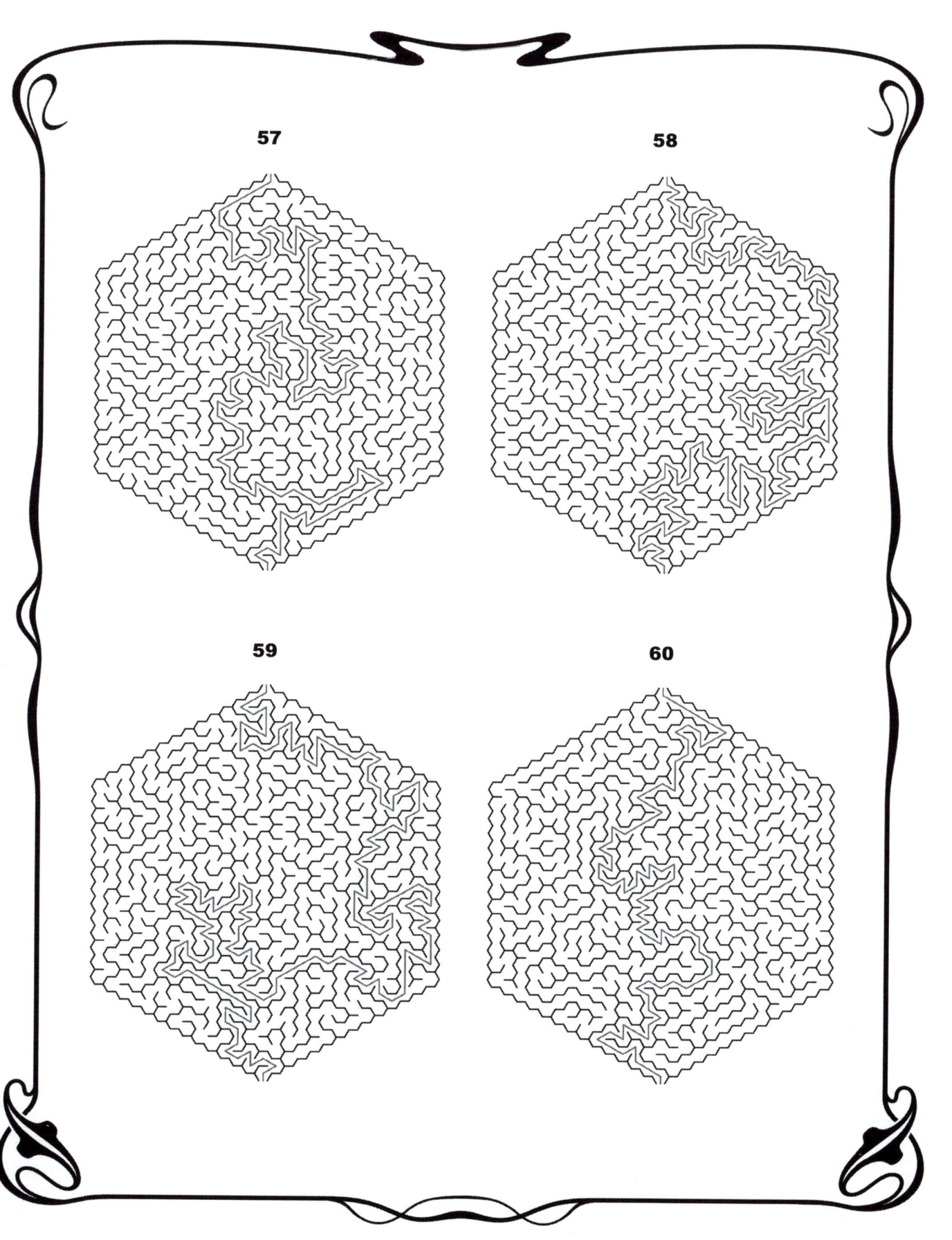

57

58

59

60

61

62

63

64

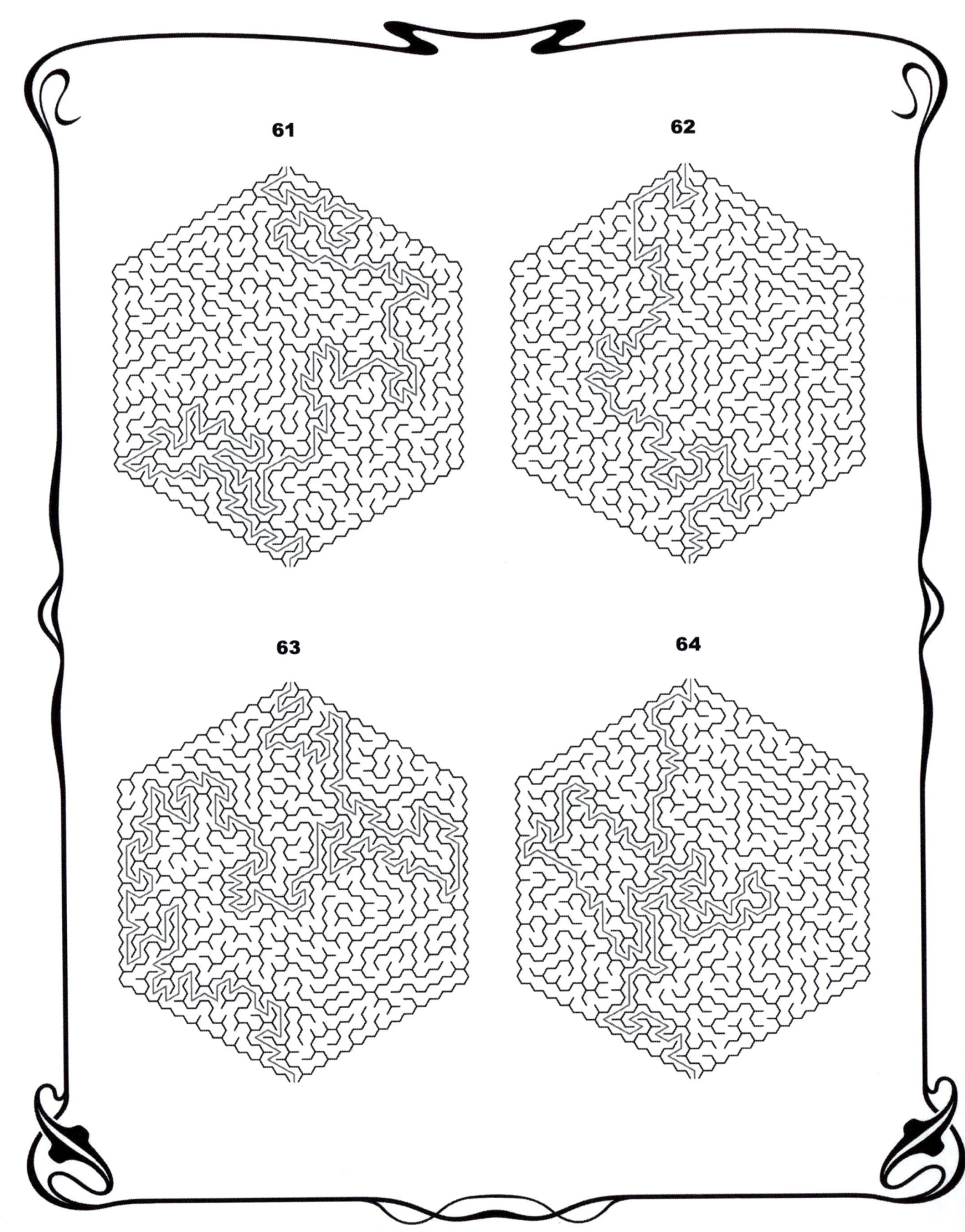

65

66

67

68

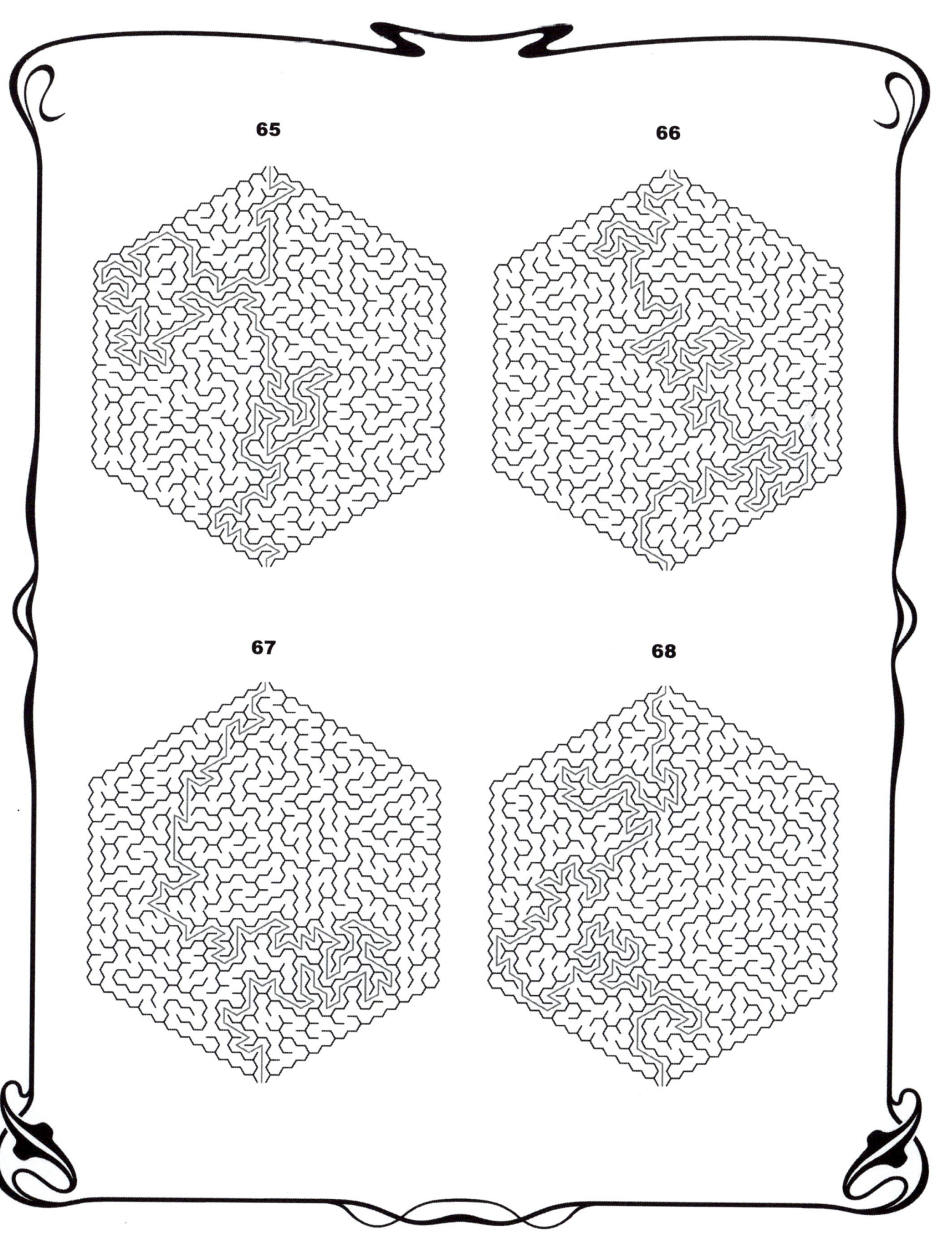

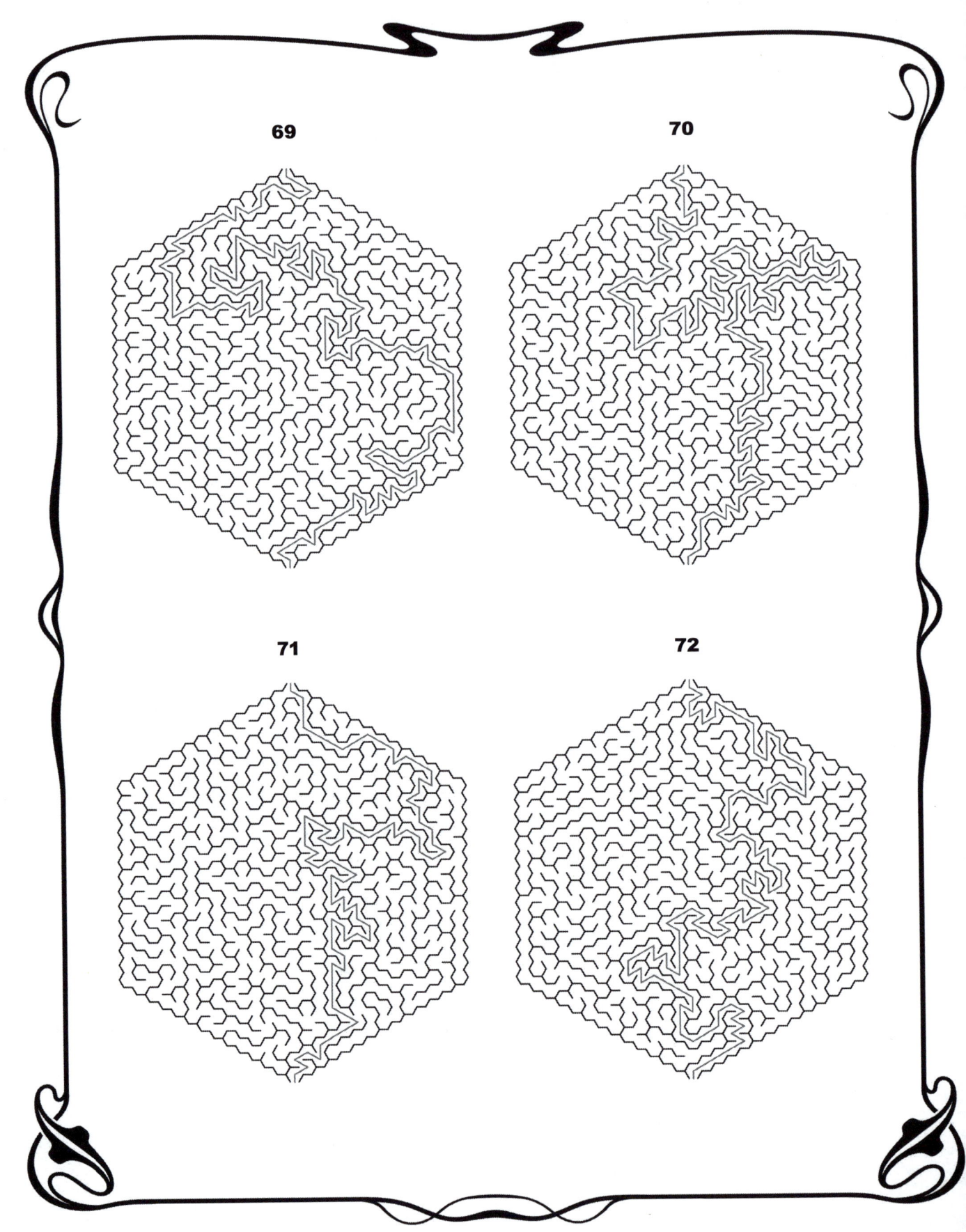

69

70

71

72

73

74

75

76

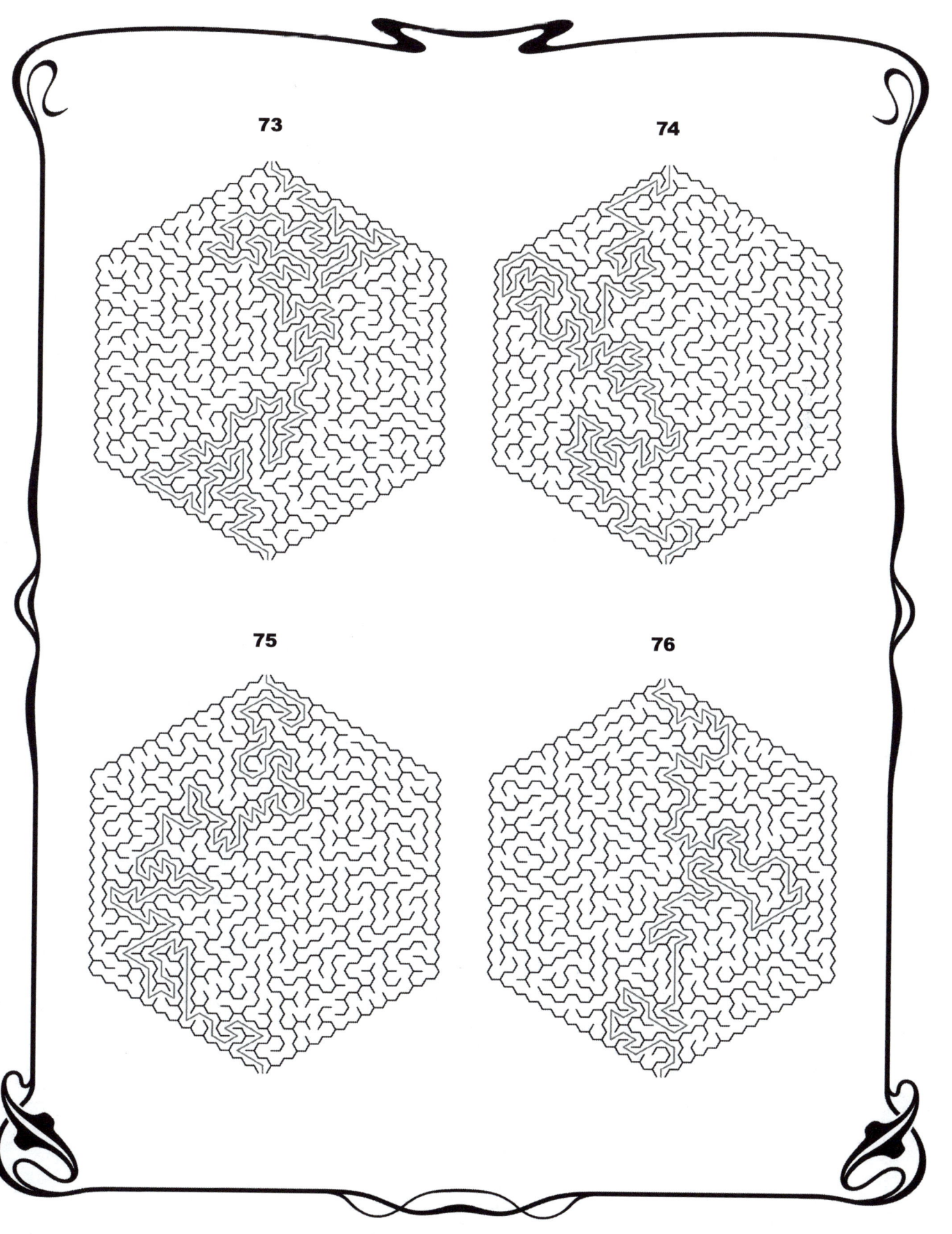

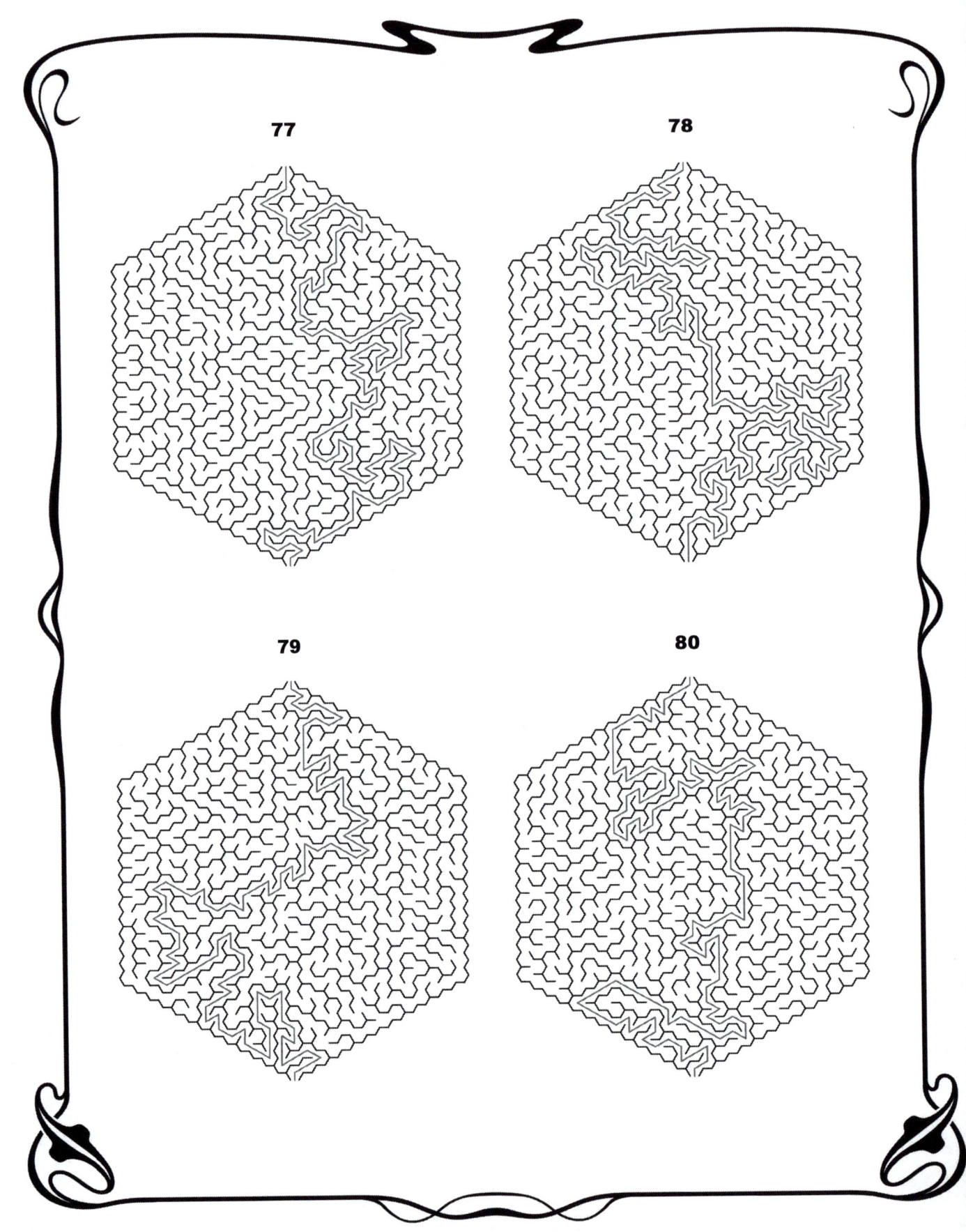

77

78

79

80

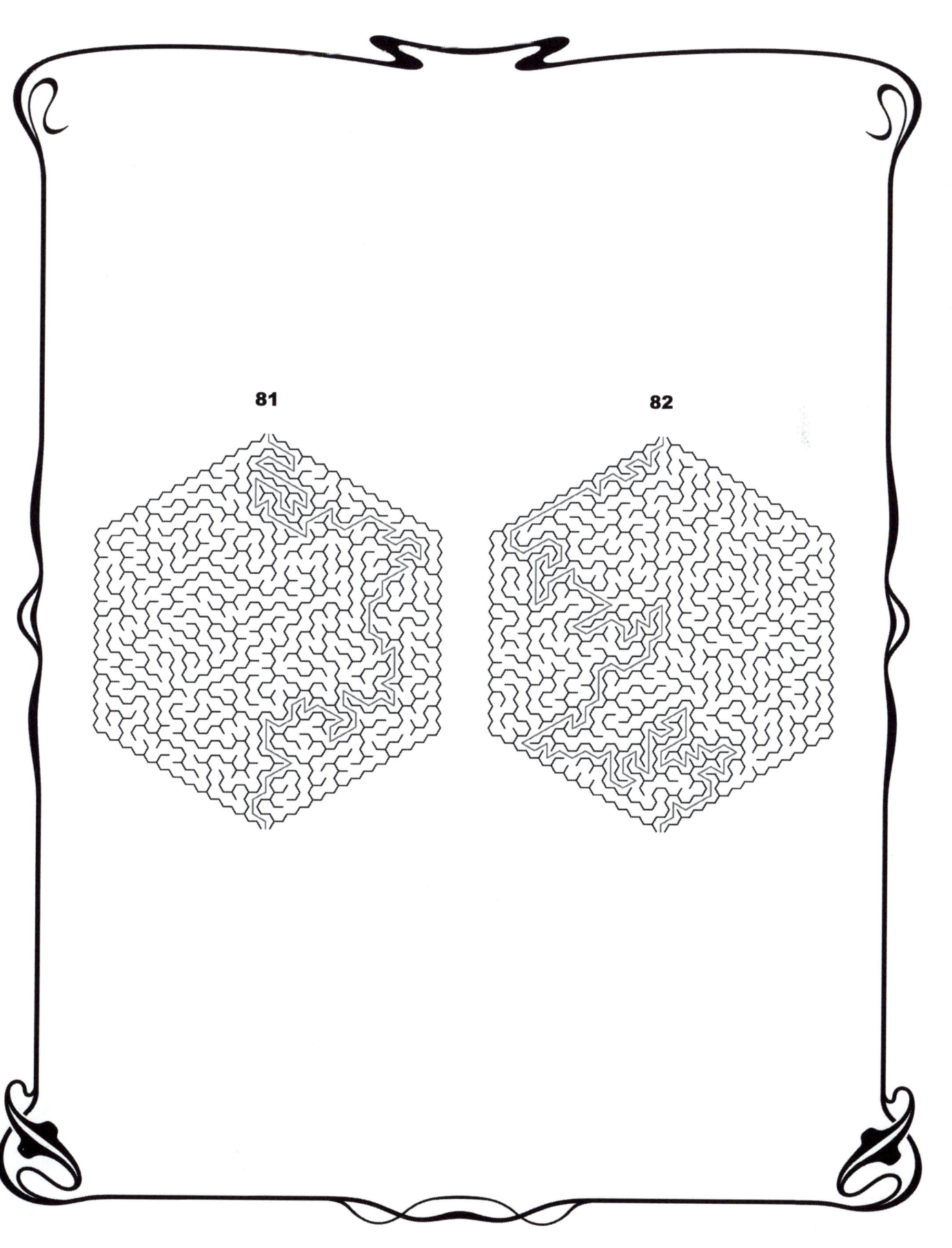

81

82